KERSTIN HÖLLER

ICH MUSS?

'NEN SCHEISS MUSS ICH!

Dieses Buch widme ich allen meinen Liebsten, die nicht nur auf der Sonnenseite meines Lebens mit mir gefeiert haben, sondern auch den schützenden Schirm über mich hielten, wenn es regnete oder richtig stürmte.

Für meine Herzensmenschen
Jürgen, Alexander, Maximilian,
Axel und Gudrun
und meine Eltern.

KERSTIN HÖLLER

ICH MUSS? 'NEN SCHEISS MUSS ICH!

NXTLVL

Wichtiger Hinweis

Die im Buch veröffentlichten Empfehlungen wurden von Verfasser und Verlag sorgfältig erarbeitet und geprüft. Eine Garantie kann dennoch nicht übernommen werden. Ebenso ist die Haftung des Verfassers bzw. des Verlags und seiner Beauftragten für Personen-, Sach- und Vermögensschäden ausgeschlossen.

Auch wenn eine gendergerechte Sprache wünschenswert ist, gibt es aus Sicht des Verlages bisher keine befriedigende, gut lesbare Lösung. Der leichteren Lesbarkeit zuliebe haben wir des Öfteren von der Doppelung männlicher und weiblicher Formen Abstand genommen. Selbstverständlich liegt es uns fern, dadurch einen Teil der Bevölkerung zu diskriminieren.

NXT LVL GmbH, An der Dornwiese 2, 82166 Gräfelfing
www.next-level-verlag.de

Korrektorat: Christiane Geldmacher, Bremberg
Satz: Daniel Förster, Belgern
Umschlaggestaltung: www.b3k-design.de, Andrea Schneider & diceindustries
Coverfoto: Maja-Sophie Pfisterer und Nikol Leer
Druck: GGP Media GmbH, Pößneck
Printed in the EU
ISBN Print: 978-3-949458-75-0
ISBN E-Book (PDF): 978-3-949458-76-7
ISBN E-Book (EPUB, Mobi): 978-3-949458-77-4

Ich mach mir die Welt
so wie sie mir gefällt …
Sie macht, was ihr gefällt!

Frei nach Pippi Langstrumpf

Sei frech, frei und wild!

INHALT

EIN TIEFSCHLAG IST DER BESTE STARTSCHUSS ZUM NEUANFANG

PENG!!!

Dieses Geräusch habe ich immer noch im Ohr. Denn es hat sich in drei großen Krisen in meinem Leben verankert:

1. Als die Tür des Polizeiautos zugeworfen wurde an dem Tag, an dem mein Mann Jürgen verhaftet wurde.
2. Als die Haustür ins Schloss fiel an dem Tag, als unsere Beziehung zu Ende war.
3. Als wir mit einem Wohnwagen kollidierten an dem Tag, als wir mit der Harley über die Schweizer Berge fuhren.

Und so war jeder »Schlag« nicht nur ein Tiefschlag, sondern auch der Startschuss für einen Neuanfang. Für ein Umdenken. Für eine Verwandlung der Kerstin: zu einer neuen Frau.

Leider ist nicht nur der eigene Part dabei anstrengend, sondern noch schlimmer: die Steine, die einem von außen in den Weg gelegt werden. Denn immer, wenn ich im Begriff war, eine neue Frau zu werden, wollte mir irgendjemand sagen, dass es nicht geht, nicht richtig ist, falsch ist – egal, ob mein Partner, meine Kinder, Freunde, Familie, Kunden, die Medien oder »die Gesellschaft«. Jedes Mal wusste jemand anderes besser, was gut für mich sein sollte. Wie ICH sein sollte. Was ich machen durfte oder nicht. »Kerstin, in deinem Alter!!!« (In dem Moment, in dem ich das schreibe, bin ich sechzig.)

Das ging mir gewaltig gegen den Strich. Und so fing ich an, dieses Buch zu schreiben, weil ich zu all dem, was mir andere vorgaben – wie ich mein Leben zu führen hätte (oder eben nicht …) – sage:

Nen Scheiß muss ich!

Ich fühle mich nicht als Feministin. Mir geht das ganze »Gegendere« und politisch Korrekte gehörig auf den Geist!

Ich bin ich! Früher hatte eine Frau Hausfrau und Mutter zu sein. Heute MUSS sie auch noch Karriere machen.

Sagt wer? Sagt der Zeitgeist, die Politik, die Öffentlichkeit …

Und ich sage:

Nen Scheiß muss ich!

Ich mache, was ICH will! Ob das jemandem gefällt oder nicht. Ob das modern oder altmodisch ist. Ob das jemand teilt oder nicht.

Ich mache, was ICH will! Natürlich ohne jemandem zu schaden – das ist mir ganz wichtig.

Und zu sein, wie ich will, zu tun, was ich will, das ist für mich die wahre Emanzipation. Emanzipation auch und gerade von der Emanzipation!

Eine emanzipierte Frau darf sich nicht sexy anziehen? Muss dem Alter gerecht angezogen sein?

Nen Scheiß muss ich!

Eine emanzipierte Frau darf sich nicht verjüngen? Muss »in Würde« altern?

Nen Scheiß muss ich!

Dieses Buch ist für all die Frauen, die sich in keinerlei Klischees, Vorgaben oder Meinungen pressen lassen wollen.

Die ihr Leben so führen, wie sie allein es wollen.

Und so sage ich:

Frau will Karriere machen?
Sie macht es!

Frau will ausschließlich für ihre Kinder und ihre Familie da sein?
Sie macht es!

Frau will sexy sein?
Sie macht es!

Frau will verrückte Sachen machen?
Sie macht es!

In diesem Sinne wünsche ich dir viel Spaß und viele Erkenntnisse!

Wenn du willst, schreibe mir deine Meinung an:
hoellerkerstin1@gmail.com

Dein lebendiger, fröhlicher, bunter, verrückter, freier Schmetterling

Kerstin

P.S.

In den folgenden Kapiteln werde ich dir jedes Mal zum Abschluss eine Aufgabe oder eine Übung mit auf den Weg geben, da dich mein Buch nicht nur zum Nachdenken, sondern auch zum Handeln motivieren soll.

Bei jeder To-do-Liste bitte ich dich darum, die Fragen ehrlich zu beantworten – DIR ZULIEBE.

Es werden Aufgaben sein, die dich und deine Lebensweise, deine Gedanken und dein Handeln reflektieren sollen.

Nicht nur deine To-do-Liste wird dich in einen Veränderungsmodus bringen, sondern auch eine tägliche Autosuggestion. Hierfür bekommst du von mir ausgearbeitete Vorschläge. So entstehen deine wichtigsten HERZENSSUGGESTIONEN – und diese werden nicht nur dein Mindset, sondern auch dein Leben verändern!

KAPITEL 1

ALLES AUS! ALLES AUS?

Ich bin es gewohnt, mit Krisen umzugehen. Bitter musste ich im Leben lernen, dass nicht immer nur die Sonne scheint. Aber weißt du was? Ich bin froh um diese Erfahrungen. »Was?«, denkst du jetzt sicher, »wie kann man froh sein, extrem schlechte Erfahrungen zu machen?«

An Lebenskrisen kann man wachsen. So war es jedenfalls bei mir. Immer, wenn ich es geschafft habe, aus dem tiefsten Loch wieder hinauf ans Licht zu steigen, habe ich mich stärker gefühlt als zuvor. Ich habe über mich gelernt, dass ich viel mehr schaffen kann als gedacht. Dass ich mutig bin und eine Kämpferin. Und dieses Gefühl ist etwas wahnsinnig Schönes.

Schon 2002, bei unserer ersten großen Lebenskrise, als mein Mann Jürgen verhaftet wurde, habe ich die stärkste Kraft des Universums genutzt, um mich wieder aufzurappeln: die Liebe!

Von einer Minute auf die andere war ich mit meinen beiden Jungs Maximilian und Alexander, damals zwei und sechs Jahre alt, allein. Mein Mann kam für uns völlig überraschend in Untersuchungshaft – und wir wurden unserem Schicksal überlassen.

Es war der 31.10.2002 – mittags um 13.30 Uhr wurde Jürgen ohne Vorwarnung von der Polizei in Gewahrsam genommen. Nun saß ich da mit meinem kleinen Maximilian und wartete, bis Alexander aus der Schule zurückkommen würde. Zunächst war ich wie betäubt. Immer wieder spulte sich in meinem Kopf das Geräusch der zufallenden Autotür ab. Ich konnte einfach nicht begreifen, was da gerade geschehen war.

Die letzten Wochen und Monate waren ohnehin schon nervenaufreibend für uns gewesen. Denn Jürgens einst so erfolgreiches Unternehmen, das uns zu Wohlstand verholfen hatte, kam durch einen Börsencrash an den Rand der Insolvenz. Ich wusste, dass die Zeiten alles andere als rosig waren. Verzweifelt hatte Jürgen versucht, sein Lebenswerk zu retten. Und nun auch noch Gefängnis?

Das konnte doch wohl nur ein schlechter Witz sein, oder? Ich ging davon aus, dass mein Mann bald wieder zurück sein würde – dass sich alles um ein Missverständnis handeln würde. Sofort rief ich unseren Anwalt an, der mich allerdings auf den Boden der Tatsachen zurückholte. Leider war es kein Missverständnis. Jürgen würde erst einmal in Untersuchungshaft bleiben.

Was war genau passiert, dass es so weit kommen konnte? Jürgen hatte innerhalb der letzten Jahre seine Firma Inline AG zur erfolgreichsten Weiterbildungsfirma Europas in seinem Segment aufgebaut. Er übernahm drei weitere Firmen, unter anderem 1999 eines der damals erfolgreichsten e-Learning-Unternehmen Deutschlands, die Metatrain in Neumarkt. Damit war er wieder einmal Vorreiter. Als er dann Investoren seinen Plan vorlegte, mit seiner Motivations AG an die Börse gehen zu wollen (den damaligen neuen Markt), fand sein Plan größtes Interesse bei Investoren. Einige namhafte Banken (West LB, Landesbank Baden-Württemberg, Bankgesellschaft Berlin, die damalige HypoVereinsbank sowie JP Morgan aus den USA, die heute größte Bank der Welt) wollten sein Unternehmen möglichst schnell an die Börse bringen. Es wurden ausführliche Analysen erstellt und sein Unternehmen auf einen Wert von 550 Millionen Mark taxiert.

Wir dachten, Jürgen hätte es geschafft – er würde quasi halber Milliardär sein! Und das mit einem Unternehmen, das er nur fünf Jahre zuvor gegründet hatte.

Diese Bewertung wurde im März 2000 erstellt, doch ab Mai 2000 gab es dann einen lange andauernden, weltweiten Börsencrash. Bis Jürgen die drei Firmen übernommen und alles über die Bühne gebracht hatte, war aufgrund des Börsencrashs sein Unternehmen im Oktober 2000 nur noch 200 Millionen Mark wert und im März 2001 nur noch 102,5 Millionen. Eigentlich immer noch eine hübsche Summe, dachte ich, doch für einen Börsengang zu klein. Also fiel dieser aus.

Doch sein Unternehmen machte eine Million Mark minus im Monat. Mir als Hausfrau war dies damals äußerst suspekt. Wieso sollte eine Firma über eine halbe Milliarde wert sein – wenn sie monatlich ein Minus erwirtschaftete? Doch all die schlauen Banker, Wirtschaftsfachleute, Rechtsanwälte, Steuerberater und Notare, die um Jürgen wie die Fliegen um einen Scheißhaufen herumschwirrten, wussten es natürlich besser: »Jetzt muss investiert werden, um dann durch die gewonnenen Marktanteile später Riesengewinne zu erwirtschaften. Das ist völlig normal.«

Na gut, ich hatte kein Wirtschaftsstudium. Ich blieb trotzdem skeptisch … Der Börsengang fiel also aus. Jürgen kämpfte verzweifelt um sein Unternehmen. Er verschuldete alle Häuser und Wohnungen bis weit über die mögliche Grenze, verkaufte seinen Ferrari, setzte sein Gehalt herab, um die Firma zu retten. Als er dann im Herbst 2001 wieder in der Gewinnzone war, hatte die Presse jedoch Lunte gerochen und berichtete über die Probleme: »Der Adler im Sturzflug«, »Vom Adler zum Pleitegeier«, »Wo sind die Millionen geblieben?« – solche Überschriften helfen einem in der Krise natürlich gar nicht weiter.

Schließlich wurde kolportiert, dass nicht alles mit rechten Dingen zugegangen sei und Jürgen möglicherweise Gelder von Investoren veruntreut habe. Daraufhin kam es dann am 17.12.2001 zur Hausdurchsuchung bei uns. Ein Tag, den ich nie vergessen werde. Aufgrund der Hausdurchsuchung, die damals in der gesamten Presse und sogar in der Tagesschau ausführlich erwähnt wurde, zogen die Investoren ihre bereits zugesagte Zwischenfinanzierung wieder zurück. Das war der vernichtende Stoß: Jürgen musste Insolvenz anmelden. Da er jedoch als Einziger aller Investoren und Beteiligten für die Fremdgelder privat gehaftet hatte, war ihm sofort klar, dass er nunmehr auch privat insolvent gehen würde.

All diese Vorgänge hatten uns sehr belastet, aber mit einer Verhaftung hatte ich ganz und gar nicht gerechnet. Aber nachdem die Tür des Polizeiautos zugefallen war mit dem charakteristischen Peng!, war ich allein. Allein in einer Situation, für die man kein Drehbuch hat, keine Anleitung. Innerlich fing ich an zu zittern. Chaos im Kopf und Horrorvisionen, was unsere Zukunft anging, breiteten sich in mir aus. Befand ich mich in der Realität, oder war das bloß ein schlechter Film?

Da ich ein positiver denkender Mensch bin, versuchte ich mir einzureden, dass das nicht für mich bestimmt wäre. Aber es half nichts, die Wahrheit war erdrückend. Tausend Gedanken schossen mir durch den Kopf, ich machte mir Sorgen um unsere Existenz:

Was wird mit mir und den Kindern?
Was wird aus Jürgen?
Was passiert mit der Firma?
Was passiert mit uns als Familie?
Was wird mit unserem Haus?
Was wird aus unserer Zukunft?
Was würde die Familie denken? Die Nachbarn?
Wie soll es überhaupt weitergehen?
Wie können wir es schaffen?

Zu dem Zeitpunkt verstand ich überhaupt nicht wirklich, was da gerade passiert war – ehrlich gesagt, verstehe ich bis heute vieles nicht. Aber es war Halloween, und ich war Mutter zweier kleiner Kinder, also riss ich mich zusammen, ihnen zuliebe. Als Alexander von der Schule nach Hause kam, erzählte ich ihm erst einmal, dass Jürgen bei einem Seminar sei. Meine Kinder waren das ja gewohnt, weil Papa ständig irgendwo unterwegs war. Nachdem die Hausaufgaben erledigt waren, beschäftigten wir uns mit dem Basteln von Halloweenmasken und kreierten aus Stoffresten Kostüme. Meine Kinder sollten abends Spaß haben und um die Häuser ziehen – »Süßes oder Saures!«.

Das war schon den ganzen Tag über der Plan gewesen, und ich sah nicht ein, warum ich nun alles abblasen sollte. Instinktiv begriff ich, dass ich das normale Leben für meine Kinder aufrechterhalten musste, auch wenn die Situation natürlich ganz und gar nicht normal war. Ich wollte den Kindern unter keinen Umständen den Abend verderben und ließ mir nichts anmerken. Erst als sie im Bett waren, gingen die Schleusen auf, und ich weinte die ganze Nacht durch.

Und am nächsten Morgen? Machte ich weiter …

Zum Glück kam dann mein lieber Bruder Axel zu mir nach Hause, um mich zu trösten. Ich weiß noch, wie er damals vor der Haustür stand und aufgeregt an einer Zigarette zog.

Zu dem Zeitpunkt war ich schon mehr als acht Jahre Nichtraucherin. Doch in diesem Moment bat ich ihn um einen Zug von seiner Zigarette. Ich brauchte irgendein Ventil. Das tat gut, aber noch besser war, dass Axel vorbehaltlos für mich da war. Wie ein Fels in der Brandung.

Wir sprachen lange und ausführlich über alles, was passiert war und wie es nun weitergehen sollte. Und noch am gleichen Tag wusste ich: Ich würde nicht eine Sekunde länger schwach sein und das Schicksal akzeptieren. Zwei Sätze kamen immer wieder hoch, die mich noch lange begleiten sollten:

Mich macht niemand fertig!
Ich schaffe es!

Und plötzlich sah ich einen Weg. Ich wusste, dass es zwar schwer werden – dass ich es am Ende aber schaffen würde. Für uns. Für unsere Liebe. Durch unsere Liebe. Energie durchströmte meinen Körper! Uns könnte nichts auf der Welt trennen! Unsere Liebe war stark!

Auch das war ganz klar für mich: Ich würde – anders als alle anderen – Jürgen nicht verurteilen. Niemals! Er hatte schwere Fehler gemacht, ja. Aber ich wusste, er würde zu seinen Fehlern stehen und alles wieder gutmachen. Und das tat er ja dann auch.

Natürlich möchte ich hier nicht verschweigen, was Jürgen die Gefängnisstrafe eingebracht hat, denn auch dazu steht er und erzählt seine Geschichte offen auf der Bühne. Als Mahnung, als Warnung, als Hilfe, dass andere nicht die gleichen Fehler begehen. Hier seine Straftaten, für die er zur Verantwortung gezogen wurde:

1. Er hatte, ohne dass ich davon wusste, über viele Jahre hinweg einen Betrag von circa 300.000 Mark in der Schweiz in einem Schließfach deponiert. Immer, wenn er mal in der Schweiz war, legte er dort 10.000 oder 15.000 Mark hinein. Der Notgroschen für schlechte Zeiten. Diesen Notgroschen verschwieg er bei seiner privaten Insolvenz.
   Dies bedeutete eine falsche eidesstattliche Versicherung: Einzelhaftstrafe, ein Jahr.
2. Der gleiche Tatbestand war dann gleichzeitig noch Konkursbetrug und damit ein weiterer Straftatbestand: weitere Einzelstrafe nochmals ein Jahr.
3. Bei der Untersuchung aller eingezogenen Unterlagen stellte man 20.000 Euro Steuerhinterziehung fest: zehn Monate Einzelstrafe.
4. Die Sache mit der Veruntreuung war etwas verzwickter: Es wurden zwar keine Anleger-Gelder veruntreut, auch keinerlei Unternehmens-Mittel. Jürgen hatte sein eigenes Vermögen in eine separate Firma, der Höller Vermögensverwaltung GmbH, eingebracht. Und als unser erster Sohn Alexander auf die Welt kam, übertrug er ihm als Schenkung gleich mal 6 Prozent der

Anteile. Als er nun verzweifelt seine Firma retten wollte und sein Gehalt nicht einmal reichte, um die Hypotheken, Zinsen und Darlehen für die Immobilienprojekte zu bedienen, fragte er den Steuerberater um Rat.

5. In dieser Höller Vermögensverwaltung GmbH lag noch ein Betrag von circa 1,6 Millionen. Dieser Betrag wurde als Darlehen an ihn gegeben, auch ganz normal offiziell verbucht. Bis dahin kein Problem. Das Problem war Alexander: Dieser war minderjährig und Jürgen hätte eine Gesellschafterversammlung mit einem entsprechenden Gesellschafterbeschluss durchführen müssen. Da Alexander jedoch minderjährig war, durfte er ihn nicht vertreten, sondern hätte das Jugendamt einschalten müssen. Dies wusste er nicht einmal. Auch sein Steuerberater sagte es ihm nicht. Dennoch bekam er für diese Veruntreuung, von der er keine Ahnung hatte, die er damals nicht verstand, zwei Jahre Einzelstrafe.

Im April 2003 erging dann das Urteil: drei Jahre Gesamt-Haftstrafe, bei guter Führung zur Halbstrafe. Genau 18 Monate später, am 1. Mai 2004 wurde Jürgen wieder entlassen. Mit 6,6 Millionen Schulden, die aufgrund des Konkursbetruges weitere 28 Jahre Bestand haben würden. Ohne Firma, ohne Geld, ohne Freunde (alle »Kollegen«, Freunde und Promis, die sich sonst um ihn gerissen hatten, waren plötzlich verschwunden). Nur sein Kollege Bodo Schäfer, sein ehemaliger Geschäftspartner Paul Unterberg und mein Bruder, Axel Weinberger, hielten noch zu ihm.

Wie das alles ausgehen würde, konnte ich natürlich unmittelbar nach Jürgens Verhaftung nicht wissen. Es hätte aber auch gar keine Rolle gespielt: Für mich war klar, dass ich Jürgen niemals aufgeben würde. Dass ich zu ihm stehen würde, ohne Wenn und Aber. Denn er hatte wie ein Löwe für seine Firma und letztlich auch für uns gekämpft, weil er noch irgendwas retten wollte, das uns später für einen

Neuanfang helfen könnte. Klar, das waren keine rühmlichen Taten, und das Gericht verurteilte ihn dafür. Ich war aber nun keine Richterin, sondern seine Ehefrau. Und es gab da etwas, das wir uns vor vielen Jahren vor dem Traualtar geschworen hatten: »Wie in guten, so auch in schlechten Zeiten!«

Also legte ich sofort den Schalter um, für unsere Familie – und letztlich auch für mich. Ich akzeptierte den Horror, der da auf uns zukommen würde, und stellte mich auf mein neues Leben ein. Und wie du weißt, habe ich es großartig gemeistert.

Das war meine erste große Lebenskrise, die zweite folgt sogleich …

KAPITEL 2

DER NÄCHSTE SCHERBENHAUFEN

13 Jahre später … Wieder alles aus! Wir waren gerade aus unserem Mauritius-Urlaub zu Hause angekommen, als sich die ganze Wahrheit offenbarte.

Ich hatte im Urlaub schon die ganze Zeit so ein komisches Gefühl gehabt. Es war nicht so, dass Jürgen nichts von mir wissen wollte, aber trotzdem war da die ganze Zeit etwas, das zwischen uns stand. Ich denke, dass es auch für ihn nicht so einfach war und er in diesem Urlaub eine sehr schmerzhafte Phase hatte. Denn er hatte schon in Mauritius eine Entscheidung getroffen. Er wollte nach dem Urlaub mit mir sprechen, weil er unsere Beziehung in Frage stellte. Wie gesagt, mein Bauchgefühl hatte mir unbewusst schon diese Signale gegeben. Als wir zu Hause in Schwebheim alle gesund und friedlich ankamen, dauerte es noch genau zwanzig Stunden, bis mir Jürgen seine Entscheidung eröffnete.

Es war der 26. August 2014. Ich war gerade dabei, den Frühstückstisch abzuräumen, als mir Jürgen sagte, ich solle mich kurz setzen. Dann sah er mich einige Augenblicke nur an, und ich wusste sofort, was jetzt kommen würde. Jürgen wollte sich von mir trennen, er sehe keine gemeinsame Zukunft mehr.

Mir lief es heiß und kalt den Rücken hinunter, mein Herz fing an wie verrückt zu schlagen, ich war komplett durch den Wind! So musste es sich anfühlen, wenn man den Boden unter den Füßen verlor. Die Katastrophe war direkt vor mir! Ich war mittendrin, ohne es zu wollen – einfach nur BÄÄÄÄÄÄM! Alles aus?

What the fuck!

Es war, als würde die ganze Welt zusammenstürzen, der Himmel über mir einbrechen, die Erde mich verschlingen! Ich, die sich immer für alles und jeden eingesetzt hatte … Ich, die ich die ganze scheiß Verhaftung und Gefängniszeit mitgemacht hatte … Ich, die immer alles, wie schwer es auch war, mitgetragen hatte … Ich, die ich die ganzen Jahre die Kinder allein aufgezogen hatte … Ich sollte nach genau zwanzig Ehejahren einfach so abserviert werden? Ohne Vorwarnung?

Das konnte doch wohl nicht wahr sein!

Ich fand Jürgens Verhalten an dieser Stelle einfach mega unfair. Und das sagte ich ihm auch. Schließlich wusste ich nicht einmal, warum er sich trennen wollte. Und ich hatte keinerlei Gelegenheit von ihm bekommen, irgendetwas zu ändern. Ich hatte immer gedacht, alles sei okay. Und dann packte er aus: Dass er mich einfach nicht mehr so jung und quirlig fände wie früher. Dass es einfach nicht mehr so sei wie früher. Dass er sich einfach nicht vorstellen könne, so weiterzumachen.

Du kannst dir sicherlich vorstellen, dass dies der traurigste Tag in meinem Leben war und ich erst mal fassungslos rausgelaufen bin. Nach anfänglicher Schnappatmung rannte ich in den Keller, machte die Tür hinter mir zu und schrie ganz laut! »So geht das nicht weiter! Nen Scheiß muss ich!«

Als ich schließlich ruhiger wurde, traf ich die beste Entscheidung meines Lebens: Das ist nicht für mich bestimmt! Ich schaute mich im Spiegel an und sagte zu mir selbst: »Kerstin, das kann nicht sein!

Das ist nicht deine Geschichte!« Und ich wiederholte es immer und immer wieder. »Das ist nicht deine Geschichte! Und hier ist diese Geschichte zwischen Jürgen und mir nicht zu Ende! Never never! Never give up! Ich akzeptiere es nicht! Ich nehme es nicht an! Nen Scheiß muss ich!«

Dann nahm ich all meinen Mut zusammen und ging wieder nach oben. Auf der Treppe sagte ich leise zu mir selbst: »Ich raste nicht aus! Ich weiß, wenn ich jetzt ausraste, dann ist alles aus! Wirklich alles! Ich kenne meinen Mann so lange, und ich kann und darf jetzt nicht ausrasten, wenn ich noch etwas retten möchte.« Mir war bewusst, dass Jürgen damit rechnete, dass ich total ausflippen, ihn angreifen und sofort aus dem Haus schmeißen würde. Doch ganz gegen seine Erwartung kam ich völlig ruhig und gelassen zurück ins Wohnzimmer. (Ich weiß heute noch nicht, wie ich das geschafft habe.) Ich stellte mich vor ihn hin und sagte: »Ich werde das heute nicht akzeptieren. Ich möchte, dass du mir die Chance gibst, dass wir beide darüber reden, was alles schiefgelaufen ist. Ich finde es nicht fair von dir, dass du nicht einmal mit mir darüber gesprochen hast, was dir nicht an mir und an unsere Beziehung gefällt. Es ist schon sehr feige von dir, dass du mich nicht in deine Gedankenwelt mit einbezogen hast und mich nicht eingeweiht hast, über das, was dir alles so missfällt. Ich finde es einfach nicht gerecht, dass du hier aufstehst und gehst und mir den ganzen Scheiß überlässt!«

Und weiter: »Diese Geschichte ist nicht für mich bestimmt. Das ist vielleicht jetzt gerade deine Geschichte, aber es ist nicht meine Geschichte und ich sehe sie auch nicht als unsere Geschichte! Denn alles ist eine Illusion. Ich möchte mit dir sprechen, jetzt und hier! Ich möchte mit dir darüber reden, was alles falsch ist und was alles schiefgelaufen ist. Ich habe ein Anrecht darauf, mit dir darüber zu sprechen. Ein Anrecht auf ein ruhiges, konstruktives Gespräch, das mir in irgendeiner Weise den Einblick verschafft, was alles an mir oder an uns oder an den Umständen nicht in Ordnung ist.«

Ich glaube, mein Mann war lange nicht mehr so beeindruckt von mir! Er saß da wie ein bedröppelter Hund, völlig aus seiner Bahn gekickt. Da hatte er sich zwei Wochen lang im Urlaub gedanklich auf diese Trennung vorbereitet – und auf einmal war alles anders, weil ich nicht wie erwartet reagiert hatte. Es war ein äußerst merkwürdiger Moment, es war eine Stille im Raum, eine Schwingung, ich weiß gar nicht wie ich das beschreiben soll. Es war einfach ein Ausnahmezustand unserer Gedanken und Gefühle.

Instinktiv wusste ich, dass eine Trennung nicht richtig war, ich würde es nicht zulassen. Zwei Menschen, die sich als Seelenverwandte verliebt und geliebt hatten, sollten sich jetzt adieu sagen. Never ever! Ich hätte schreien können: »Mich kriegst du nicht so schnell los!« Aber ich habe es mir nur gedacht. Ich wollte cool bleiben, und ich bin cool geblieben. Jürgen sollte nicht ahnen, dass es in mir kochte und brodelte. Schließlich fing er an zu weinen – und ich auch. So saßen wir da, einander gegenüber am Frühstückstisch, und weinten.

Jürgen wollte erstmal ein bisschen Abstand und sagte mir, dass er am besten heute in ein Hotel in Schweinfurt umziehen würde, um dort zu übernachten. Aber so einfach ließ ich ihn nicht davonkommen. Aus meiner inneren Stärke heraus bat ich ihn, er möge doch bitte hierbleiben und unseren beiden Jungs selbst sagen, dass er sich trennen möchte.

Auch damit hatte er nicht gerechnet.

Aber ich blieb innerlich fest: »Jürgen, wenn du jetzt gehst, ohne den Kindern Bescheid zu sagen, wälzt du das Ganze auf mich ab. Das finde ich ziemlich feige. Und ich vermute, das würden dir die beiden auch nie verzeihen. Schließlich ist es eine Entscheidung, die du ohne mich getroffen hast.«

Ich sah, dass ich einen wunden Punkt getroffen hatte.

»Ich möchte von dir, dass du das tust, und ich möchte, dass du so lange wartest, bis Alexander da ist.« An diesem Morgen war nur Maximilian zu Hause, Alexander hatte bei seiner Freundin übernachtet.

Mehr hatte ich an der Stelle nicht zu sagen. Ich stand auf, ging nach oben, zog mir meine Sportklamotten an und lief los. Ich joggte durch den Wald und lief mir alles raus, was wehtat – und es tat verdammt weh. Die Bewegung war Balsam für meine Seele: Ich lief in einem Affenzahn durch den Wald, ich heulte, ich brüllte, ich ließ alles raus. Hinterher wusste ich gar nicht, wo ich eigentlich entlanggelaufen war, denn in meinem Kopf hallten immer nur die vier Worte:

Nen Scheiß muss ich!

Irgendwann kamen noch andere, klarere Gedanken dazu: Nein, Kerstin! Das ist nicht für dich bestimmt! Das ist für irgendjemand anders, aber nicht für dich! Ich akzeptiere diese Entscheidung nicht. Jürgen hat sich geirrt. Jürgen hat einen Fehler gemacht. Jürgen weiß gar nicht, was er erzählt.

Als ich merkte, wir in mir langsam wieder Ruhe einkehrte, trabte ich zurück nach Hause, duschte, zog mich an und ging zu meiner Familie ins Wohnzimmer – alle Unruhe war von mir gewichen, ich war sehr kontrolliert. Dort saß Jürgen mit unseren Söhnen im Wohnzimmer.

Danach ist Jürgen mit einer kleinen Tasche aus dem Haus und hat uns drei allein gelassen. Bevor er zur Tür hinausging, nahm ich ihn noch in den Arm und flüsterte ihm zu, dass ich ihn liebe und es nicht akzeptieren werde und nicht glauben könne, dass es so endgültig sei. Mehr Worte wollte ich an der Stelle nicht machen. Mein Gefühl sagte mir, dass es besser wäre zu schweigen. Es war nur wichtig, dass er meine Entschlossenheit gespürt hatte und verstehen sollte, dass ich ihm nicht nachlaufen würde.

Dieser Tag war der zweite lebensverändernde Tiefpunkt für mich. Mein Mann wollte sich von mir trennen. Das war für mich einfach nicht denkbar. Ich liebte ihn und unser Familienleben. Das genau war es, was ich immer gewollt hatte. Als Jürgen mir offenbarte, dass er mich nicht mehr liebe, dachte ich: »Jetzt bin ich da angekommen, wo ich nie sein wollte. Noch eine Lebenskrise, und ich in der zweiten Lebenshälfte.« Ich hatte keine Ahnung, in welche Richtung das Ganze laufen sollte. Ich konnte es nicht fassen, dass jetzt, wo ich gerade mal etwas über fünfzig Jahre alt war, alles einen anderen Lauf nehmen sollte; anders, als ich es mir überhaupt in meinem Leben erträumt hatte. Meine Träume und meine Ziele waren immer so angelegt, dass alles, was ich mir in meinem Leben vorstellte, auch wirklich so eingetroffen ist.

Jetzt stellte sich plötzlich alles ganz anders dar, und ich musste mich vielleicht auf ein Leben allein einstellen. Und wieder dauerte es nicht lange, bis ich meine innere Haltung zurückerlangte: Keine 24 Stunden nach Jürgens Offenbarung stand für mich fest, wie es weitergehen sollte – nein, wie es weitergehen würde! Denn weil ich immer sehr schnell entschlossen und klar bin, wusste ich, dass das Leben als geschiedene Ehefrau ohne Jürgen nicht für mich bestimmt ist. Ich hatte einen anderen Lebensplan, und nicht einen Plan, an dem ich scheitern würde. Ich war schon immer ein Kind, das auf der Sonnenseite des Lebens war, nicht irgendjemand, der sich von irgendjemand anderem fremdbestimmen lässt. Deshalb wundert es mich auch nicht, dass mir schon bei dem Gespräch am Frühstückstisch der Gedanke gekommen war: »Okay … das ist jetzt eine Geschichte, die vielleicht irgendwo bei irgendjemandem in einer kleinen Schublade liegt, aber diese Geschichte ist nicht für mich bestimmt! Diese Geschichte werde ich nicht annehmen!«

Nen Scheiß muss ich!

Ausgerechnet, als es mir so gut ging, als ich mich in meinem Leben wohlfühlte, als ich meine Kinder großgezogen hatte, sollte ich das alles aufgeben? Wie hatte es so weit kommen können? Hatte ich mich vielleicht in den letzten Jahren gehen lassen? Hatten wir keine gemeinsamen Ziele mehr gehabt? Waren unsere Lebensziele, unsere Lebensmotive auseinandergedriftet? War ich vielleicht wirklich etwas langweilig geworden? Hatte ich mich nicht in die richtige Richtung entwickelt? Hatte ich mich überhaupt noch entwickelt? Konnte ich nicht mehr mit dem Tempo meines Mannes mithalten? War ich jetzt etwa zu alt für meinen Mann?

Jürgen war und ist immer ein Mensch, der etwas Neues erleben möchte. Wahrscheinlich konnte er sich das nicht mehr mit mir vorstellen. Was hieß es überhaupt, alt zu sein? Jürgen wollte so viel Neues erleben, und anscheinend meinte er, dass ich das nicht mehr wollte. Und was hieß es überhaupt, fünfzig zu sein?

In den folgenden Tagen kam ein Denkprozess bei mir in Gang. Jahrelang hatte ich so dahingelebt und gar nicht hinterfragt, ob das alles gut so war. Jetzt dämmerte mir, dass man sein Wertesystem ab und zu mal auf den Prüfstand stellen sollte. Sich immer wieder neu ausrichten sollte. Das Leben aktiv gestalten sollte, anstatt alles einfach nur laufen zu lassen.

Und ja, das wollte ich jetzt anpacken. Allerdings MIT Jürgen. Mir war noch nicht ganz klar, wie ich das anstellen würde, aber sofort wusste ich, dass eine Trennung für mich der größte Quatsch überhaupt wäre. Das würde ich nicht zulassen! Niemand, auch nicht mein Mann, würde so über mich bestimmen! Das Drehbuch für mein Leben schrieb ich immer noch selbst!

Nen Scheiß muss ich! Nicht für mich bestimmt!
Nicht mit mir! Es ist alles nur eine Illusion.

Und so kam es, dass ich auch in meiner zweiten Lebenskrise sofort die Chance gesehen habe, die sich mir da auftat. Wichtig war in dem Moment gar nicht so sehr, dass ich schon einen genauen Plan hatte, wie es weitergehen würde. Aber das Mindset war da. Intensiv ging ich in den Gedanken rein, dass dieser Lebensweg nicht für mich in

Frage kommt. Ich stellte mir vor, wie es wäre, wenn ich jetzt einfach die Zeit zurückdrehen könnte. Einfach mal die Reset-Taste drücken!

Ganz konkret ging ich gedanklich in Szenen hinein, wie ich früher gewesen war. Beamte mich in meinen Gedanken zurück in unsere heiße verliebte Anfangsphase. Damals hatte er mich noch als ganz verrücktes Huhn kennengelernt. Das witzig war, frisch und frei, das keine Rücksicht nahm auf irgendwelche Konventionen, das einfach auf die Leute zuging, verrückte Mode trug, getanzt, gesungen, gelacht hat und selbstbewusst war. Wie hatte ich nur vergessen können, wie ich damals gewesen war? Wie hatte ich mich nur so gehen lassen können? Was war mit mir passiert? Gab es eigentlich noch eine Chance für mich? Ich wollte wieder die sein, die ich früher gewesen war.

Ich nahm die Herausforderung an und traf diese unumstößliche Entscheidung:

Ich werde nicht aufgeben!

Gegen Abend setzte ich mich dann mit meinen zwei Jungs zusammen. Wir hielten uns drei ganz fest in den Armen. Wir redeten. Wir schmiedeten Zukunftspläne, weil wir es nicht annehmen wollten, dass unser gewohntes Familienleben vorbei sein würde. Schließlich machten wir uns ein, zwei Flaschen Champagner auf. Vielleicht auch mehr – ich weiß es gar nicht mehr. Ich saß mit meinen zwei liebsten Lieblingsmenschen am Tisch und wir redeten. Ich glaube, wir hatten uns noch nie so viel zu sagen gehabt.

Bis irgendwann das Telefon klingelte, es ging schon gegen zehn Uhr. Jürgen war dran und fragte, wie es mir gehe.

Da ich schon etwas betrunken war, lachte ich nur ins Telefon und sagte: »Im Moment geht es mir ganz gut, du fehlst mir zwar, aber ich schaffe das schon.«

Dann fragte er mich doch tatsächlich: »Meinst du, wir könnten es nochmal versuchen?«

Und ich dachte mir, obwohl ich wirklich mehr als nur angeheitert war: »Mein Gott, Kerstin, was für eine Macht haben deine Gedanken!« Ich war total geflasht!

Hatte ich mir doch kreiert, dass eine Trennung nicht für mich bestimmt ist!

Ich antwortete: »Natürlich! Ich bin bereit, einiges zu ändern, ich werde an mir arbeiten – aber genauso musst auch du an dir arbeiten. Denn auch du hast vieles vergessen, hast vieles nicht so gemacht, hast nicht meine Erwartungen erfüllt – das beruht schon auf Gegenseitigkeit.«

Und wieder hatte ich einen wunden Punkt getroffen. Jürgen hatte gar nicht damit gerechnet, dass ich so selbstbewusst und frei war, und vor allem, dass ich auch Bedingungen an ihn knüpfen wollte. Vermutlich hatte er erwartet, dass ich in eine Verteidigungshaltung gehen würde. Aber da hatte er sich verschätzt. Denn es ist doch so: Zu einer gelungenen Beziehung gehören immer zwei.

Und dann fuhr ich fort: »Jürgen, das ist jetzt nicht der richtige Zeitpunkt, um ausführlich zu reden. Ich möchte, dass wir uns morgen treffen und uns richtig aussprechen. Du hast mir bestimmt viel zu sagen – aber das habe ich auch. Lass uns das in Ruhe tun.«

Wieder hörte ich ein leises Seufzen im Hörer. Meine Worte gingen Jürgen richtig ans Herz.

Leider hatten wir am nächsten Morgen nur wenig Zeit, denn es ging schon wieder weiter zum Seminar in die Schweiz. Ursprünglich war nicht eingeplant gewesen, dass ich mitkomme. Aber ich wusste, dass ich jetzt dranbleiben musste, deshalb sagte ich ganz spontan: »Du fährst jetzt in die Schweiz, und ich komme hinterher. Ich nehme Maximilian mit, und dann schauen wir, dass wir irgendwie da anknüpfen, wo wir aufgehört haben.« Ich wollte ihm keine Alternative lassen. Zum ersten Mal in unserer Ehe habe ich gesagt, wo es langgeht.

Da musste ich auch gar nicht lange überlegen. Da war dieser Instinkt, dass ich sofort handeln muss. Ich durfte Jürgen jetzt nicht allein lassen! Ich wusste, wenn ich wie gewohnt zu Hause auf ihn warten würde, bis er aus der großen weiten Welt ins Nest zurückkommt, dann wäre es aus. Schließlich hätte er dann wieder viel Zeit, um darüber nachzudenken, wie es ohne mich wäre. Diese Möglichkeit wollte ich ihm nicht geben.

Tja, wenn du so willst, waren wir 24 Stunden getrennt. Vielleicht waren es auch paar Stunden mehr, aber das spielt heute keine Rolle mehr. Was zählt ist, dass diese 24 Stunden der Startschuss für eine tiefgreifende Veränderung in meinem Leben waren. Dafür, dass ich wieder einmal lernte, aus einem Tief herauszukommen, um nur noch stärker durchzustarten.

Es stellt sich auch nicht die Frage, wer hier die größere Schuld trägt, denn es gehören immer zwei dazu, wenn eine Beziehung nicht mehr funktioniert (und auch zwei, damit sie funktioniert!).

Es geht um was ganz anderes! Es geht um Verzeihen, Vertrauen und Loslassen!

UM WAHRE LIEBE

KAPITEL 3

WER BIN ICH EIGENTLICH?

»Kerstin, sei mal zufrieden, du hast doch schon alles erreicht.«
»Wieso immer Staub aufwirbeln? Kannst du nicht einfach dein Leben führen?«

Nen Scheiß muss ich!

Warum schreibe ich eigentlich dieses Buch? Warum sitze ich hier und bin der Meinung, dass ich dir irgendetwas von mir mitteilen könnte, was für dich wichtig wäre? Ich bin ein Mensch, der gerne das, was er erlebt hat, weitergibt, ich möchte andere inspirieren. Und natürlich möchte ich mit diesem Buch an manchen Stellen ein bisschen provozieren, um dich aus deiner Komfortzone herauszuholen.

Vielleicht bist du ja auch gerade in einer Lebenskrise und weißt nicht, wie du da rauskommen sollst? Oder du dümpelst so ein bisschen vor dich hin und fragst dich, ob das jetzt alles gewesen sein soll? Oder vielleicht bist du schon einigermaßen erfolgreich im Leben, aber dir fehlt das letzte Quäntchen, um richtig durchzustarten? Ich möchte dir zeigen, wie ich auf all diese Situationen reagiert habe und dir helfen. Ganz klar ist: Bei mir ist es auch nicht immer rund gelaufen (das tut es bei keinem!), aber ich habe immer einen Ausweg gefunden, ganz nach dem Motto: Wenn dir das Leben eine Zitrone schenkt, bestell dir Tequila dazu! Auch du kannst es schaffen, glücklich, selbstbestimmt und erfolgreich zu werden, du musst nur daran glauben!

Denn das ist das Wichtigste im Leben, dass man für sich selbst erkennt, was man möchte und dass man selbstbestimmt seinen Weg geht. Und irgendwie ist es gleichzeitig auch das Schwierigste – zumindest bei uns Frauen.

Wir sind Mutter, Ehefrau, Geliebte, wir sind Organisatorin, Hausfrau, Putzfrau, wir sind Köchin und Modepuppe, wir sind Hure und Göttin, wir sind … ach was weiß ich – alles Mögliche. Wir sind eben alles! Das ist der Grund, warum uns die Männer wirklich brauchen. Aber das ist auch der Grund dafür, dass wir oft selbst gar nicht wissen, was wir wirklich wollen, oder wer wir innendrin wirklich sind. Jeden Tag Multitasking heißt, dass wir eigentlich oft gar keine Möglichkeit haben, uns einfach mal zurückzulehnen und darüber nachzudenken, wer wir sind und wer wir sein wollen.

Und leider ist es häufig so, dass viele Frauen das Leben ihres Mannes oder das ihrer Familie leben. Ich habe als Ehefrau von Jürgen Höller natürlich sehr, sehr viele Menschen kennengelernt, auf unseren Seminaren und Veranstaltungen. Ich habe mit sehr vielen Menschen über ihre Schicksale gesprochen. Ich habe mitgefühlt und mitgeweint. Und manchmal habe ich mir auch gedacht: Meine Güte, warum muss immer alles zu einem riesengroßen Problem gemacht werden? Aber wenn ich jetzt an meine Geschichte zurückdenke, wie mein Leben vor ein paar Jahren war, da muss ich doch zugeben, dass ich mich auch in diese Zwickmühle, in dieses Hamsterrad der Mutter, Ehefrau, Geliebten und so weiter hineinkatapultiert hatte. Mich selbst vernachlässigt hatte, um allen gerecht zu werden – und letztendlich ausgedient hatte.

Und plötzlich hatte ich die 50er-Marke überschritten und sollte mich in mein Schicksal fügen? Nur weil ich »alt« war? War es schon zu spät, um noch einmal etwas in meinem Leben zu ändern?

Dazu fällt mir gerade eine Geschichte ein, die ich erst kürzlich im Radio gehört habe. Eine junge Frau, 21 Jahre alt, schrieb eine WhatsApp-Nachricht an den Sender Antenne Bayern, dass sie nicht wisse, wie sie mit ihrer Mutter umgehen solle. Ihre Mutter sei immer unheimlich nett zu ihren Freunden, würde die gleiche Musik hören und ähnliche Klamotten tragen wie sie selbst. Sie würde sogar in den gleichen Geschäften einkaufen. Die Mutter sei allerdings 52. Der Tochter war das Verhalten ihrer Mutter sichtlich peinlich, weil sie nicht wusste, ob das wirklich in Ordnung ist, wenn jemand über fünfzig so herumläuft.

Ich saß im Auto und hatte sofort diese kleine Wut im Bauch, die mich fast zum Explodieren brachte. Ich kann einfach nicht nachvollziehen, was mit dieser Jugend heutzutage los ist. (Jetzt rede ich schon wie meine Mutter …) Meine Güte, Mädchen, dachte ich bei mir, du hast eine Mutter, die wahrscheinlich eine top Figur hat, die jünger aussieht, als sie ist, die vermutlich sehr modern ist und sogar mit dir irgendwo als Freundin unterwegs sein könnte. Wahrscheinlich könnte sie auch deine beste Freundin sein, wenn du einfach Vertrauen zu ihr hättest. Ich saß im Auto und lauschte den Kommentaren, die die verschiedensten Radiohörer per WhatsApp hinterließen. Ganz ehrlich gesagt, ich war etwas enttäuscht, weil die meisten der Meinung waren, dass sich eine Frau über fünfzig doch anständig benehmen müsse.

Ich verstand die Welt nicht mehr: Es schickt sich nicht, als Mutter mit über fünfzig Jahren dieselbe Kleidung zu tragen oder in der gleichen Boutique einzukaufen wie die Tochter mit 21? Das bestätigte wieder mal die Denke der meisten Menschen. Bloß nicht auffallen! Schön mit der Masse gehen! Immer sicher in der Komfortzone bleiben.

Da war es wieder:

Nen Scheiß muss ich!

Ich hoffe sehr, dass du dir das ab sofort auch immer öfter denkst. Denn das ist der erste Schritt, wie du herausfindest, wie dein Leben wirklich aussehen sollte. Wer DU bist und was DU willst! Und nicht, was die anderen von dir erwarten.

Ich schreibe dieses Buch, weil ich möchte, dass du darüber nachdenkst, was noch alles so in deinem Leben passieren soll. Ich schreibe dieses Buch, weil ich dich vielleicht wachrütteln kann, etwas in deinem Leben zu verändern. Ich möchte, dass es dir besser geht. Ich möchte, dass du herausfindest, was du bist, wer du bist, und was alles noch in deinem Leben sein könnte. Ich möchte ganz einfach, dass du ein Gefühl für dich bekommst. Ein Feeling für dich und deinen Körper, für deinen Geist, für deine Seele, und natürlich für deine Selbstliebe. Selbstliebe ist ein sehr wichtiges Thema, da komme ich noch drauf.

Aber als Erstes geht es mal nur um Fakten. Warum muss frau in irgendeinem Alter so und so sein? Wer bestimmt das? Was heißt hier fünfzig plus? Da gibt es Bestimmungen, die die Außenwelt für uns parat hat. Unsere Freunde, Familien, Kinder, Ehemänner und so weiter glauben doch tatsächlich, sie müssten uns sagen, wie wir zu sein haben.

Nen Scheiß muss ich!

Wer bestimmt was? Diese beiden Sätze, werde ich immer und immer wieder in diesem Buch wiederholen. Weil es mir verdammt wichtig ist, dass du aus deiner Komfortzone herausgehst und über dich nachdenkst, was für dich wichtig ist! Und nicht für die anderen. Das soll jetzt nicht heißen, dass du zum Ober- und Überegoisten mutieren sollst. Nein, im Gegenteil. Du sollst dir nur Klarheit darüber verschaffen, was du wirklich im Leben willst. Willst du eine Marionette sein oder willst du ein selbstbestimmtes Leben führen? Es geht hier auch nicht um Emanzipation! Es geht ganz allein um dich!

Und ich möchte, dass endlich in deinem Kopf der Gedanke entsteht, dass du frei bist, dass du dich gut fühlst, dass du dich jung fühlst, dass du dich besser fühlst als je zuvor. Denn niemand kann dir vorschreiben, wie du dich fühlen solltest. Du sollst von jetzt an entscheiden, dass du ein anderes Leben führen möchtest. Zum Wohl aller Beteiligten! Vielleicht war dein Leben bisher schon ganz toll und du bist mit vielen Dingen zufrieden, aber wenn du mal ganz ehrlich zurückblickst, wirst du bemerken, dass du auch schon sehr, sehr viele Kompromisse gemacht hast.

Das ist auch in Ordnung, weil in manchen Phasen des Lebens andere Dinge wichtiger sind als du. Manchmal sind es eben deine Kinder, manchmal ist es dein Ehepartner oder dein Lebensgefährte. Manchmal ist es dein Beruf, manchmal sind es auch die Familie, deine Eltern, deine Freunde, alles zu seiner Zeit. Aber jetzt kommst du! Es ist nie zu spät, zu entscheiden, in welche Richtung dein zukünftiges Leben gehen soll.

Jetzt bist du dran: Realbild und Wunschbild

Schließe deine Augen und hol dir mal ein ehrliches Bild von dir selbst in deine Vorstellung. Sei bitte ganz klar und real, beschönige nichts, und mach dir spontan Gedanken darüber, ob dieses Bild von dir das richtige ist. Willst du dich so sehen, wie du gerade bist? Glaubst du wirklich, dass dieses Bild, das du jetzt vor Augen hast, dem Bild entspricht, von dem du immer geträumt hast? Ein Bild von einer Frau, die du gerne sein möchtest? Magst du dich so? Liebst du dich so? Lass dich einfach darauf ein …

So, jetzt mach deine Augen wieder auf und lauf mal kurz zum Spiegel. Schau dir direkt in deine Augen. Steht da die Frau, die du gerne sein möchtest?

Ich habe diese Übung sehr häufig wiederholt, in einer der Phasen nach dem Trennungsgespräch sogar über mehrere Stunden hinweg. Ich habe mich von Kopf bis Fuß angesehen. Ich habe mich ausgezogen, ich habe mich beurteilt von allen Seiten. Ich habe mich bewertet. Und diese Bewertung ist erst mal nicht so gut ausgefallen. Ich stand dann so vorm Spiegel und war sehr, sehr traurig. Hatte ich mich doch tatsächlich die letzten Jahre ganz schön gehen lassen. Ich hatte mir selbst etwas vorgemacht. Da stand nicht die Kerstin, die ich immer sein wollte, die ich eigentlich in mir gefühlt hatte. Da stand optisch eine andere Frau vor mir. Ich musste schmerzhaft erkennen, dass ich tatsächlich älter als Anfang fünfzig aussah, und die Tendenz ging dahin, dass alles noch mehr zu hängen drohte, dass meine Falten immer tiefer werden, dass der Glanz aus meinen Augen weg war, meine Haare nicht mehr die Fülle hatten. Meine gesamte Haltung, mein gesamtes Äußeres entsprach nicht dem, was ich selbst von mir erwartet hatte.

What the fuck!
Wer bin ich?
Was habe ich mir angetan?
Hilfe!

Nach einem Heulkrampf kam dann der Wutausbruch. Ich stand da vor dem Spiegel und war richtig, richtig wütend auf mich! Ich dachte mir nur: Was für ein Scheiß! Worauf hatte ich mich die letzten Jahre eingelassen? Warum hat mir niemand gesagt, dass ich zu fett bin? Warum hat mir niemand gesagt, dass ich ältlich aussehe? Warum hat mich niemand darauf hingewiesen, dass ich irgendetwas an mir verbessern könne, dass ich zum Sport gehen müsse und mich anders ernähren solle? Warum hat mir niemand ehrlich gesagt: So kann es nicht weitergehen, Kerstin!

Ich stand da völlig demotiviert vor meinem Spiegel, hatte die dickste Ehekrise im Genick und wollte nur noch eines: eine ganz schnelle Entscheidung beziehungsweise eine Lösung. So verheult sah ich natürlich noch beschissener aus. Mit verschmierter Wimperntusche und roten Flecken im Gesicht war alles noch viel, viel schlimmer. Ich hatte zwei Möglichkeiten. Entweder ich werde gut versorgt mit viel Geld so weiterleben, vielleicht noch ein bisschen fetter werden, noch ein bisschen faltiger, und noch älter und unzufriedener aussehen. Oder ich hatte die Möglichkeit, den Schalter auf die positive Seite umzulegen! Nämlich, dass ich wirklich jetzt diese Entscheidung treffe, anders zu sein, anders als alle anderen, anders als gewohnt, anders als fünfzig plus.

Nen Scheiß muss ich!

Ich entschied mich für fünfzig minus! Heutzutage gibt es nicht mehr dieses typische Alter, mit fünfzig bist du so und so und mit sechzig siehst du aus wie eine Oma. Heute ist es viel mehr eine Frage der Lebenseinstellung. Wie ein Mensch sich fühlt und sich nach außen hin gibt.

Wieder einmal stand eine Krise Pate für einen Neuanfang: Ich hatte mich entschieden! Ich machte meinem bisherigen Leben eine Kampfansage! Ich stellte mich! Ich wollte nicht nur mir, sondern allen und vor allen Dingen meinem Mann beweisen, dass es möglich ist, jünger, frischer, knackiger zu werden. Wenn du es dir nur vorstellen kannst. Ich habe mir dafür die Macht des Unterbewusstseins zu Hilfe geholt und einfach die Reset-Taste gedrückt.

In unseren Seminaren wenden wir häufig Autosuggestionen an. Dieses Prinzip geht unter anderem zurück auf den amerikanischen Esoteriker und Autor Joseph Murphy. Es ist ein Prozess, bei dem man lernt, sein Unbewusstes so zu trainieren, dass man andere Glaubenssätze von sich hat – und schließlich auch anders agiert und erfolgreicher wird. Du beeinflusst quasi dein Unterbewusstsein, und dieses wiederum beeinflusst dein Bewusstsein. Das kannst du auf unterschiedlichste Weise tun: durch Autosuggestionen, durch Selbsthypnose, durch Affirmationen oder durch Visualisierung.

Da ich die universellen Lebensgesetze kenne, und wir uns im Übrigen auch immer daran halten sollten, gilt für mich ganz einfach eines: wie im Innen so auch außen. Dies besagt, dass wir das, was wir im Außen sein, tun oder haben wollen, zuerst einmal in unserer Innenwelt anlegen müssen. Wenn ich also schlank und sportlich werden möchte, muss ich mir das erst einmal in meinem Inneren verdeutlichen. So einfach ist das? Ja, so einfach! Allerdings solltest du dabei eins beachten: Es reicht nicht, sich einmal zu sagen: »Ich bin schlank und sportlich!« Du musst es immer und immer wieder tun. Die Autosuggestion ist nur durch ständige Wiederholung wirksam.

Mir war zu diesem Zeitpunkt, als ich mich alt und hässlich fühlte, wichtig, dass ich mich erstmal in meiner Seele schönrede, um dann im Äußeren das beste Ergebnis erzielen zu können.

Ich begann mit positiven Affirmationen. »Ich lebe in Heiterkeit, Freude und Herrlichkeit. Das Leben ist schön. Ich bin schön. Ich liebe mich.« Und so weiter. Mit all diesen wunderbaren Affirmationen habe ich meine Metamorphose begonnen. Ich habe die Reset-Taste gedrückt und mich einfach mal zehn, zwanzig Jahre zurückgespult. Du kennst doch bestimmt auch diese Kassettenrecorder, mit denen man früher etwas aufgenommen hat. Zwei Finger drauf, Play und Aufnahme. Und wenn es dir nicht gefallen hat, dann hast du das einfach gelöscht.

So habe ich das mit meiner Vergangenheit gemacht. Mit meinem Leben, das hinter mir lag. Das hat nichts damit zu tun, dass ich mit dieser Zeitspanne nicht zufrieden gewesen wäre und dass es sich nicht gelohnt hätte, was ich bis dato erlebt hatte.

Nein, im Gegenteil, ich war froh, all diese Erfahrungen gemacht zu haben – auch wenn es manchmal wirklich sehr geschmerzt hat. Und ich war dankbar, auch in diesem Moment, in dem ich meine Spiegelübung hinter mir hatte. Ich erkannte, dass ich mir selbst auch

Schmerz zugefügt hatte, dass ich enttäuscht von mir selbst war. Doch auch dafür war ich dankbar, denn nur so konnte ich Veränderung erfahren. Ich staunte, dass ich das alles jetzt mit meinem Geist, mit meinem reifen Geist erleben durfte. Es war ein wunderbares Erwachen!

Und plötzlich war ich auch gar nicht mehr schwach. Aus dem kleinen Häuflein Elend war eine Kämpferin geworden. Die Hoffnung und der Mut, noch einmal jung zu sein und von vorne anzufangen, gaben mir eine unglaubliche Kraft. Die Macht der Veränderung kann Berge versetzen! Du glaubst gar nicht, welche Macht du hast und welche Kraft dir das Universum geben kann, wenn du danach fragst!

Meine Denke und meine Einstellung habe ich über Bord geworfen. An meinen Spiegel im Schlafzimmer und auch an den im Badezimmer pinnte ich mir Zettel mit all diesen wunderbaren Suggestionen. Meine eigenen positiven Suggestionen, die nur mir gehören, die nur für mich bestimmt waren und nicht irgendwo allgemein in einem Buch zu lesen sind oder sonst wo. Ich kann dir auch nur empfehlen, das für dich zu tun, falls du irgendetwas in deinem Leben oder an dir verändern möchtest. Als kleine Starthilfe gebe ich dir am Ende jedes Kapitels Autosuggestionen mit auf den Weg – aber natürlich darfst und sollst du diese verändern und für deine Lebenssituation anpassen!

Wenn du beispielsweise jünger sein willst, schlanker sein willst, attraktiver sein möchtest, mehr Sex, mehr Erfolg im Beruf, mehr Bewusstsein für dich haben willst, egal was, all das kannst du dir wünschen, kannst es an deinen Spiegel schreiben. Du kannst dir alles neu kreieren für dein neues Leben.

Zentral für den Erfolg der Affirmationen ist die Wiederholung. Am besten sprichst du dir deine Sätze zehn Mal am Tag vor. Lege dir eine Routine zurecht, wie es für dich am besten klappt. Ich fange täglich gleich nach dem Aufstehen an, dann wiederhole ich meine Affirmationen mittags und abends vor dem Schlafengehen. Irgendwann wird das wie Zähneputzen oder Hände eincremen – du machst es automatisch und musst nicht mehr darüber nachdenken.

So habe ich es auch damals gehalten, in der Zeit, als ich mich selbst verändern wollte. Ich machte einfach immer weiter und weiter – so lange, bis ich eine Wirkung bemerkte. Und wenn es wirkt, dann macht man natürlich erst recht weiter! Auch wenn es manchmal schwierig ist: Gib nicht auf! Lass nicht zu, dass du wieder in dein altes Fahrwasser kommst, das dich vom Weg abbringt! Und lass dich um Himmels Willen erst recht nicht von deinem Umfeld stoppen! Was noch wichtig ist: Du darfst ruhig an das glauben, was du deinem Unterbewusstsein da einflüsterst! Hör nicht auf die anderen, sondern nur auf dich selbst …

Ich weiß, das hört sich im ersten Moment ein bisschen gaga an. Da steht eine Frau vor dem Spiegel und redet sich ein, wie toll sie ist, obwohl sie Falten und krisselige Haare hat. Aber ich kann dir sagen: Es wirkt. Denn die Affirmation soll ja nicht aus den krisseligen Haaren eine Modelmähne machen – sondern du sollst deine innere Einstellung ändern. Deshalb ist es auch ganz wichtig, dass du bei den Affirmationen lächelst und einen positiven Gesichtsausdruck hast. Je besser du dich fühlst, desto besser siehst du auch aus (und nachhelfen darfst du natürlich trotzdem, aber da komme ich später dazu). Und wenn du dich erstmal gut fühlst, geht der Rest fast wie von allein.

Ich glaube, wir vergessen so oft, wie wichtig es ist, dass wir dem Universum die Chance geben, zu sagen, was wir möchten. Das ist die einfachste Übung überhaupt, und die gibt es schon seit Jahrtausenden. Schon die alten Ägypter haben sich im Schlaf ihre Wünsche und Träume und Affirmationen ins Ohr flüstern lassen. In den 90ern gab es dann auch unzählige CDs mit positiven Affirmationen, die man sich nachts im Schlaf anhören konnte. Das gibt´s heute noch. Aber die einfachste und günstigste Form ist natürlich, sich selbst vor den Spiegel zu stellen, sich etwas an die Seite zu schreiben und sich das jeden Tag selbst »einzusuggerieren«. Und was das Schöne daran ist, irgendwann verinnerlicht sich das ganz automatisch. Dann brauchst du den Zettel am Spiegel nicht mehr, der Text kommt ganz von allein. Sobald du davorstehst, rattert es im Gehirn, weil es automatisiert in dich hineinfließt.

Ich bin, was ich denke!
Alles, was in meinem Kopf herumschwirrt, ob negativ oder positiv, hat immer die Tendenz, sich zu verwirklichen.
Ich bin genau das Ergebnis meiner Gedankenwelt.

Jetzt bist du dran: Wer bist du und was sind deine Ziele?

In diesem Kapitel ging es um den Ist-Zustand. Nimm dir einen Zettel und einen Stift und mach dir bewusst, wer du bist und wer du gerne sein möchtest, bevor du mit der Veränderung startest. Denn wenn das Ziel nicht klar ist, wird auch der Weg beschwerlich.

Wer bist du aktuell?

____

Wer möchtest du sein?

____

Was ist dir wichtig im Leben?

____

Was willst du alles noch machen?

____

Welche Ziele möchtest du erreichen?

____

Was brauchst du, um wirklich glücklich zu sein?

____

AUTOSUGGESTIONEN

Lass dir von niemandem einreden, dass das, was du da tust, Unsinn ist!

Sei frei und schreie deine Wünsche laut heraus!
Glaube an dein Ziel und deinen Traum!
Nimm dich selbst liebevoll in den Arm!
Was die anderen von dir denken, ist egal!

Und jetzt leg los, hier kommen die ersten Autosuggestionen für dich:

- Ich lebe in Heiterkeit, Freude und Herrlichkeit.
- Das Leben ist schön.
- Ich bin schön.
- Ich liebe mich.
- Ich bin mein eigener Schöpfer.
- Ich kann alles umsetzen, was ich mir vornehme.
- Ich schaffe es!
- ____
- ____
- ____
- ____
- ____
- ____
- ____
- ____

KAPITEL 4

METAMORPHOSE

»Kerstin, finde dich mit deinem Aussehen ab!«
»Kerstin, sei mal zufrieden mit dir!«
»Kerstin, akzeptiere dich endlich so wie du bist.«

Nen Scheiß muss ich!

Metamorphose ist ein ganz besonderes Wort und auch ein ganz besonderer Prozess. Ich habe mich da oft auch mit meinem Mann darüber unterhalten, der mir immer gesagt hat, ich sei ein ganz bezaubernder, schillernder, bunter, freier, selbstbewusster, fröhlicher Schmetterling geworden. Ich sei wieder der Schmetterling, der ich früher einmal gewesen sei. Und ich möchte dir nur einen Rat geben, frage dich selbst einmal: Hast du wirklich noch Träume? Brennst du noch für irgendetwas? Bist du noch für irgendetwas leidenschaftlich? Gibst du wirklich alles in deinem Leben? Träumst du noch von außergewöhnlichem Sex? Vielleicht an verrückten Orten? Hast du noch Träume von irgendwelchen Dingen, die du schon immer machen wolltest, aber nie erreicht hast? Gibt es noch Ziele und Herausforderungen, die du sein, tun, oder haben möchtest?

Wann willst du endlich anfangen und EMPFANGEN? Wann willst du endlich du sein? Das Wichtigste im Leben ist zu erkennen, dass das Leben wirklich schön ist. Das Leben hat Sinn, wenn du ihm einen Sinn gibst! Nämlich DICH! Und alles, was du in deinem Leben erlebt hast, und all die Erfahrungen, die wir machen, sind am Ende die Summe unserer selbst.

Wenn du deine Ziele und Wünsche klar hast, kannst du darangehen, sie umzusetzen. Ja, das hört sich erst einmal anstrengend an. Sicherlich, wenn du was erreichen willst, musst du was dafür tun. Aber ich sag dir was: Es wird dir irre Spaß machen! Denn du tust es für dich, für deine geheimsten Wünsche und Träume! Ich habe lange gebraucht, um zu begreifen, warum manche Menschen so für bestimmte Dinge brennen – bis ich von dem Prinzip der Selbstwirksamkeit gehört habe.

Ganz intuitiv habe ich das schon immer so gemacht, zum Beispiel in meiner ersten Lebenskrise, als ich plötzlich mit den Kindern allein dastand, weil Jürgen hinter Gittern saß. Manche Dinge kann man nicht kontrollieren, sie kommen einfach über einen wie eine Naturgewalt. Ich nenne es Schicksal. Aber wenn wir es schaffen, unseren Umgang mit diesen Schicksalsschlägen zu verändern, dann macht das eine ganze Menge mit uns selbst. Und es verleiht dir Megakräfte!

Den ersten Schritt (damals noch unbewusst) meiner ganz persönlichen Metamorphose tat ich übrigens schon wenige Tage nach Jürgens »Trennungsgespräch«. Ich fuhr mit Maximilian in die Schweiz, um den Grundstein für unsere neue Beziehung zu legen. Und dafür hatte ich mir etwas Besonderes ausgedacht: Ich hatte mir spontan einen Sturzhelm und Motorradkleidung gekauft, um Jürgen zu überraschen – mein erster Schritt raus aus der Komfortzone. Jürgen ist ein passionierter Harley-Fahrer, und immer schon hatte er sich gewünscht, dass ich diese Leidenschaft mit ihm teilen würde. Ich habe nie so richtig darüber nachgedacht, was mich eigentlich so lange davon abgehalten hat, auch aufs Motorrad zu steigen – denn eigentlich bin ich ja schon verrückt und immer offen für Neues. Jetzt gestand ich mir ein, dass mich die Angst, es könnte etwas passieren, ausgebremst hatte. Es war wieder einmal mein Kopf, der mir bei meiner persönlichen Entwicklung im Weg stand. Also schwor ich mich mittels Autosuggestion darauf ein, dass ich das mit Heiterkeit, Leichtigkeit und Freude erleben will. Natürlich gibt es Risiken beim Motorradfahren, das will ich gar nicht abtun. Aber ich denke, man kann sie durch seine Fahrweise minimieren – und hey, das Leben ist gefährlich, man kann schließlich auch beim Fahrradfahren oder Reiten stürzen!

Jetzt wollte ich nicht länger die Angst bestimmen lassen, ich wollte Jürgens Harley-Babe sein, obwohl ich zuvor immer gesagt hatte, dass ich nie im Leben auf diesen Bock aufsteigen würde. Zur Motorradkluft packte ich noch schicke Klamotten und sexy Unterwäsche ins Auto. So kam ich sehr selbstbewusst in der Schweiz an. Der Effekt war wie erwünscht: Jürgen staunte – zum ersten Mal seit langem.

Er war völlig von den Socken, dass ich mit ihm über die Berge fahren würde. Es war meine erste Motorrad-Tour, gleich sieben Stunden auf dem Bock. Mir hat der Arsch gebrannt, mir hat alles wehgetan, aber ich konnte sieben Stunden meinem Mann nah sein, ihm ganz viel Liebe und Zuneigung schenken. Und ich glaube, er hat es aufgesaugt wie ein Schwamm. Es waren wunderbare Stunden auf diesem Motorrad, ich habe es so genossen, so eng und so nahe bei meinem Schatzi zu sein.

Und so machte ich weiter, auch als wir wieder zu Hause waren. Ohne so genau darüber nachzudenken, fing ich an, mich zu verändern – um unsere Beziehung zu verändern. Der nächste Punkt, den ich mir vornahm, war, mein Gewicht zu kontrollieren. Das heißt, ich bin auf die Waage gestiegen, und ich habe mich jeden Tag gewogen. Das erscheint jetzt erstmal nicht als außergewöhnlich, aber nachdem ich mich die ganzen Jahre immer wieder selbst belogen hatte, muss ich doch ehrlich zugeben, dass es eine der besten Übungen überhaupt war. Täglich merkte ich mir, was ich wog. Es gab Tage, da war es ein bisschen mehr, manchmal ein bisschen weniger – aber es war wichtig für mich, die Realität zu akzeptieren: Ich hatte 78 kg auf 1,65 m. Und das fand ich deutlich zu viel. Und so legte ich los mit der Autosuggestion, mit täglichen Affirmationen. Ich habe mich einfach schlank gewünscht und schlank geredet.

Vielleicht glaubst du jetzt: Die spinnt! Okay, wenn du willst, dann glaube das! Sorry, aber ich glaube eben etwas anderes. Es ist möglich, denn dein Gewicht und dein Körper werden vom Kopf gesteuert. Im Kopf findet alles statt. Und wenn du nicht wirklich frei wirst und diesen Panzer von dir löst, dann wirst du ihn ewig mit dir herumtragen. Ich habe mir also immer wieder vorgestellt, wie schön ich bin, wie schlank ich bin, wie leicht ich bin, wie sexy ich bin, wie jung ich bin, wie fit ich bin, wie gesund ich bin und so weiter und so fort.

Dazu nahm ich mir vor, dass ich jetzt täglich Sport mache. Ich habe mit dem Joggen wieder begonnen und bin täglich mit meinem Hund raus in den Wald gelaufen. Wenn du diese Möglichkeit nicht hast, dann geh bitte in ein Fitnessstudio oder lauf auf der Straße, renne im Park oder egal wo, schaff dir ein Laufband an. Oder mach einen ganz anderen Sport, es gibt so vieles da draußen, was Spaß macht: Ob du nun ins Fitnessstudio gehst oder dich einer Zumba-Gruppe anschließt – Hauptsache bewegen und schwitzen. Wichtig ist, dass du es jeden Tag machst. Lass dich am besten von den vielen Influencern auf Instagram oder TikTok inspirieren – dort gibt es unwahrscheinlich viele Angebote und Tipps, wie man Sport und Bewegung in seinen Alltag integrieren kann. Es ist alles möglich, wenn du es nur willst.

Work your ass off!
Love yourself!

Meine Metamorphose war nicht so einfach, denn ich wollte ja nicht nur abnehmen, sondern mich auch noch verjüngen. Das heißt, ich musste mich nicht nur schlank denken, sondern mich auch noch jeden Tag in den Modus versetzten, jung, schön, straff, sexy und so weiter zu sein. Es kostete mich am Anfang schon sehr viel Energie, weil ich ziemlich ungeduldig war und alles auf einmal wollte. Aber: Deine eigene Disziplin ist das Wichtigste bei einem Veränderungsprozess! Du musst es wirklich wollen und an deine magischen Kräfte glauben! Ich verspreche dir: Irgendwann kommst du in den Flow und alles wird selbstverständlich.

Egal was, wie und wie viel du veränderst: Denke nicht darüber nach, sondern mach einfach! Denn wenn ich nicht in die Handlung komme, dann verändert sich auch nichts. Am Anfang steht meistens der große Schmerz. Nicht umsonst heißt es: »Aller Anfang ist schwer!« Aber wenn der Leidensdruck richtig groß ist, dann kommt auch meistens eine Entscheidung, und die ist erst mal die Grundlage für jede Veränderung.

Am besten ist es, man schreibt sich alles auf einen Zettel, um wirklich Klarheit zu bekommen, was man verändern möchte, und dann fängt man einfach an. Aber: Nimm dir nicht zu viel auf einmal vor. Setze dir immer wieder kleine Etappenziele und steigere dich langsam – egal, ob es um Sport, um Ernährung oder darum geht, eine neue Fremdsprache zu lernen. Auch Rom ist nicht an einem Tag erbaut worden.

Natürlich darfst du dir bei allem, was du anpackst, den wunderschönen Schmetterling, der am Ziel deines Tuns flattert, vorstellen – er soll dich auf jeden Fall beflügeln! Aber weiter nachdenken oder grübeln bringt rein gar nichts, nur das TUN wird zu Veränderung führen. Wer nichts tut, bleibt nicht nur auf der Strecke, sondern wird von Jahr zu Jahr weiter zurückkatapultiert. Denn gerade im Alter ist alles mit noch mehr Energie und Aufwand verbunden.

Und weil deine Metamorphose auch Spaß machen soll, würde ich vorschlagen, in dieser Zeit ganz besonderes Augenmerk auf positive Affirmationen zu legen. So kommst du nach und nach in eine freudige positive Verwandlung. Lobe und motiviere dich immer wieder selbst – du wirst merken, es wirkt!

Jetzt bist du dran: Veränderung wagen

Komm in die Veränderung! Aber mach dir vorher einen sinnvollen Plan, damit du deine Kräfte nicht schon am Anfang verpulverst. Folgende Fragen können dir dabei helfen, die Phase der Verwandlung zu strukturieren:

Liebst du dich so, wie du bist?

☐ Ja ☐ Nein

Glaubst du an die Kraft der Autosuggestion?

☐ Ja ☐ Nein

Bist du bereit, dich zu verändern?

☐ Ja ☐ Nein

Hast du Angst vor der Wahrheit?

☐ Ja ☐ Nein

Hast du genug Disziplin und Durchhaltevermögen, um deine Veränderung zu Ende zu bringen?

☐ Ja ☐ Nein

Glaubst du an dich und eine kraftvollere Zukunft?

☐ Ja ☐ Nein

Wann beginnst du damit? Hier wäre ein konkretes Datum wichtig, damit du schnell ins Tun kommst.

____

____

Welche Etappen liegen auf deinem Weg? Was willst du bis zu jedem Etappenziel erreicht haben? Schreib dir am besten einen kleinen »Fahrplan« mit dem jeweiligen Datum auf.

____

____

AUTOSUGGESTIONEN

Hier kommen meine ganz persönlichen Affirmationen zum Thema Veränderung. Natürlich hast du selbst ganz andere, deshalb habe ich unten Platz gelassen, damit du deine eigenen Glaubenssätze aufschreiben kannst. Beachte aber dabei: Oft lehnt man die Affirmationen ab, die man gerade am meisten bräuchte. Also höre mal ehrlich in dich hinein!

- Ich liebe mich!
- Ich bin voller Energie und Harmonie!
- Ich liebe das Leben!
- Ich habe eine tolle, positive Ausstrahlung!
- Ich vertraue und lasse los.
- Ich lebe in Überfluss und Fülle.
- Alles Positive kommt zu mir!
- Ich erreiche alles, was ich will!
- Ich bin schlank und sexy!
- Ich bin jung und kraftvoll!
- Meine Haut ist am ganzen Körper glatt und straff.
- Ich liebe Sport!
- Ich bin attraktiv und schön!
- Meine Haare sind lang und kräftig!

- Jürgen liebt mich und ich liebe Jürgen.
- Ich liebe Sex!!!
- Ich fühle mich leicht!
- Ich bin vollkommen gesund.
- Das Leben ist schön!
- ______________________________
- ______________________________
- ______________________________
- ______________________________
- ______________________________
- ______________________________
- ______________________________
- ______________________________

KAPITEL 5

FRIEDE, FREUDE, EIERKUCHEN … LANGWEILIG!

»Kerstin, in einer langjährigen Partnerschaft ist es normal, dass fast alles Routine wird. Das musst du einfach akzeptieren!«

Nen Scheiß muss ich!

Am 2. Juli 2019 feierten Jürgen und ich unsere Silberhochzeit. Wir waren zu diesem Zeitpunkt 25 Jahre verheiratet und seit dreißig Jahren ein Paar. Das ist wirklich sensationell, finde ich. Denn es ist heutzutage schon eine großartige Leistung, wenn eine Beziehung so lange hält. Wir haben das auch wunderschön gefeiert. Wir waren in Venedig, wo wir schon auf unserer Hochzeitsreise waren. Und alle fünf Jahre wiederholen wir die Hochzeitsreise von damals. So auch 2019. Ich glaube, es war einer der schönsten Hochzeitstage, den wir überhaupt zusammen feierten. Es war nicht immer leicht. Wir hatten Höhen und Tiefen. Wir hatten viele Krisen (die mit uns selbst oft nichts zu tun hatten) zu lösen. Ja, wir sind seit 25 Jahren verheiratet und leben immer noch in einer leichten, aufregenden, glücklichen und wunderschönen Beziehung.

What the fuck! Du glaubst das tatsächlich? Dass wir weit über dreißig Jahre zusammen sind und es noch immer leicht, glücklich, schön, aufregend ist? Das ist doch alles Blödsinn. In welcher Beziehung ist denn immer alles Friede, Freude, Eierkuchen? Vielleicht im allerersten Jahr ... bevor wir uns dann näher kennenlernen ... hihihi.

Bei uns ist es nicht anders als in anderen Beziehungen. Wir streiten, wir werfen uns auch mal Gemeinheiten an den Kopf, wir sind ungerecht zueinander und oft auch ungehalten. Manchmal sind wir einfach nur schlecht gelaunt, weil uns irgendwas oder irgendwer geärgert hat. Oft sind das Dinge, die mit der Firma zu tun haben oder familiäre Probleme mit den Kindern oder Freunden. Und diese Unzulänglichkeiten können uns durchaus einfangen, runterziehen und eine Partnerschaft schwer beeinträchtigen und belasten. Denn sobald einer diese Negativität aufnimmt, geht diese Schwingung ja auch auf die Beziehung über. Wir haben das bei uns immer wieder erlebt und wir konnten uns lange vor diesem sinnlosen Scheiß nicht schützen. Ich schreibe absichtlich und bewusst sinnloser Scheiß, denn es gibt immer irgendetwas, worüber man streiten konnte. Streiten?

Nen Scheiß muss ich!

Ich weiß noch, wie unser Leben lief, als ich meinen Gesang und meine Modelinie aufgab und wir dann mit Alexander 1996 und Maximilian 2000 zwei Kinder hatten. Ich verbrachte mit unseren Söhnen viel Zeit zu Hause und kümmerte mich praktisch um alles. Jürgen war unterwegs, tagelang, manchmal zwei Wochen am Stück. Und wenn er dann zu Hause war, dann war er müde. Dachte ich. Also versuchte ich, ihm auch dort alles abzunehmen. Hielt vieles von ihm fern. Packte sogar seine Koffer ein und aus. Und war, das muss ich heute zugeben, neidisch und eifersüchtig auf sein Leben. Er war unterwegs, er war auf der Bühne, er lernte viele und tolle Menschen kennen, er wurde anerkannt und bewundert. Und ich saß zu Hause, ich arme Frau.

What the fuck! Natürlich war das nur die eine Seite der Medaille. Die andere Seite war, dass ich es mir auch sehr bequem machte. Ich habe mich im Prinzip aus der Realität herausgestohlen. Ich dachte, es wäre besser für mich, wenn ich allein wäre und mein eigenes Ding machen könnte. Ich musste keine Kompromisse eingehen und konnte schön bequem vor mich hinleben, während mein Mann draußen das Geld verdiente. Und es war auch immer ein voller Geldbeutel da. Ich war die Frau des bekannten Motivationstrainers Jürgen Höller. Und so gerieten wir beide in ein gewisses Fahrwasser hinein und bemerkten gar nicht, wie wir auseinanderdrifteten. Wir liebten einander noch sehr, sicher, aber trotzdem war jeder für sich allein. Ich merkte es nicht, weil ich zu Hause war und mich blauäugig nur um meine Kinder, meine Familie und mein Umfeld kümmerte, und Jürgen merkte es nicht, weil er damit beschäftigt war, seine Firma aufzubauen und in der Welt herumzureisen. Und noch etwas passierte: Während ich Jürgen früher bewundert und zu ihm aufgesehen hatte (und ihm das auch gesagt und gezeigte hatte!), ging das im Laufe der Zeit bei mir verloren. Naja, ich kannte ihn ja dann auch näher … (hihihi, Jürgen wird mir diesen kleinen Gag verzeihen).

Doch wenn Jürgen auf der Bühne war und teilweise vor mehr als 10.000 Menschen sprach, dann wurde er von vielen anderen Frauen dort bewundert. Diese fanden ihn toll. Und sie schrieben und zeigten es ihm auch.

Und dann traf ich einmal auf eine weise Frau, die mir folgenden Satz sagte: »Sei vorsichtig, Kerstin. Jürgen ist ein erfolgreicher, intelligenter, gutaussehender Mann. Und wenn du dich nicht um deinen Mann kümmerst, dann wird sich eines Tages eine andere Frau um ihn kümmern.«

Rumms … das hatte gesessen. Erst ärgerte ich mich. Ich sollte mich mehr um meinen Mann kümmern? Das tat ich doch bereits! Ich war doch hier diejenige, die ihm den Rücken freihielt, die den Alltag allein schmiss und ihm jeden Wunsch von den Augen ablas. Nen Scheiß muss ich! Soll sich Jürgen doch gefälligst mehr um mich kümmern.

Doch irgendwie wurde ich den Stachel, der seitdem in mir saß, nicht los. Das Gespräch mit dieser Frau hallte noch sehr lange nach. Und irgendwann wurde mir klar, was mich so beschäftigte. Oberflächlich gesehen kümmerte ich mich natürlich um Jürgen. Aber das war die normale Alltagsroutine. Der Zauber allerdings war verflogen. Mir dämmerte, dass es da noch mehr gab. Und mit der Zeit lernte ich, was es heißt, wirklich zu geben, denn zu lieben bedeutet zu geben.

Viele glauben, es ginge in einer Beziehung darum, dass das, was ich gebe, mir mindestens gleich zurückgegeben wird. Doch das ist eben keine Liebe. Und je länger eine Partnerschaft dauert, desto wichtiger ist es, sich zu überlegen, was ich dem Partner geben kann. Und damit meine ich nicht, dass immer, wenn der Mann heimkommt, ein knuspriges Schnitzel auf dem Tisch steht. Es geht darum, den Partner wirklich zu SEHEN – in seinen Bedürfnissen, in seiner Liebe. Ihn ernst zu nehmen, auf ihn einzugehen und ja, sich als Frau auch interessant und liebenswert zu machen.

Vielleicht hört es sich naiv an, aber ich glaube an diese Lebensgesetze! Das, was man gibt, kommt wie ein Boomerang zu uns zurück. Das heißt aber nicht nur, dass ich ihm etwas koche und die Wäsche mache, sondern ich mache mich auch schön für ihn, weil es ihm guttut, wenn ich ihm gefalle. Das ist wie eine Kettenreaktion … Du für ihn und er für dich … Wenn du das alles banal findest, dann klinke dich jetzt aus! Dann brauchst du eigentlich keinen Partner. Mach dein Ding und werde glücklich!

Vielleicht sollten wir damit anfangen, keine Erwartungen zu haben. Wenn ich jemanden liebe, dann will ich ihm von Herzen nur das Allerschönste, das Allerliebste und das Allerbeste geben. Doch wie können wir das?

Hier ein paar Ideen für dich, wie du deine Beziehung vielleicht wieder etwas lebendiger, aufregender und leidenschaftlicher gestalten kannst:

1. Unterhalte dich mit deinem Partner mehr über Positives und nicht über Negatives.
   Wenn er nach Hause kommt, dann sprecht nicht über den Tagesmüll.
   Schwierig wird es vor allem dann, wenn man mit seinem Partner zusammenarbeitet, z.B. zusammen ein Unternehmen hat. Dann werden abends die Probleme des Tages noch einmal durchgekaut. Doch wir wollen abschalten, wir wollen auftanken.
   Nachdem Jürgen 2004 wieder zurückgekommen war und sein Comeback gestartet hatte, arbeiteten wir noch einige Jahre zusammen. Bevor er wieder ganz nach Hause durfte, war er acht Monate im offenen Vollzug. Das heißt, er fuhr früh zur Arbeit und kam am späten Nachmittag wieder zurück in die JVA. Auf meine Initiative hin konnte er bei einem sehr guten Bekannten in einer Versicherungsmakler-Agentur tätig sein. Nach seiner Entlassung stürzte Jürgen sich gleich wieder in die Arbeit in unserem Unternehmen – wo ich solange die Stellung gehalten hatte.
   Doch dann merkten wir, dass das gemeinsame Arbeiten unserer Beziehung nicht guttat. Also entschied ich, mich nicht mehr aktiv einzubringen. Und so gehört mir zwar die Hälfte des Unternehmens, aber ich zog mich aus dem Unternehmen größtenteils zurück. Allerdings schätzt mich Jürgen sehr als Ratgeberin. Deshalb bin ich auch nach wie vor bei der Führungsbesprechung dabei, komme mit zu den Seminaren – dort singe ich auch – und führe Gespräche mit Mitarbeitern, wenn es um besondere Themen geht. Jürgen sagt manchmal scherzhaft, dass ich sein Consultant bin. Ich habe einen anderen Zugang zu meiner Intuition, zu meinem Bauchgefühl, als Jürgen. Er geht eher dem Verstand, der Vernunft, den Zahlen nach. Ich höre einfach auf meinen Bauch – und noch mehr auf mein Herz.
   Und dafür ist er mir dankbar. Und fragt bei vielem um Rat. Wenn er heute nach Hause kommt, dann erzählt er, und ich

freue mich, ihn unterstützen zu können. Da ich tagsüber die Probleme nicht mitbekomme, ist es für mich auch aufregend und durchaus interessant, abends einiges zu erfahren.

2. Kümmere dich um deinen Partner.
   Denn du weißt: Wenn du dich nicht kümmerst, macht es jemand anderes …
   Was meine ich damit?
   Zum einen, sorge dafür, dass du attraktiv für deinen Partner bist. In vielen Beziehungen ist es so, man lernt sich kennen, hat ein bestimmtes Aussehen, ein bestimmtes Äußeres, ein bestimmtes Gewicht. Das sich dann oft im Laufe der Jahre negativ verändert …
   Warum eigentlich? Mein Mann hat sich in mich verliebt, als ich sechzig Kilo wog und nicht etwa achtzig Kilo. Nun könnte man einwenden, dass bei wahrer Liebe immer nur die inneren Werte zählen. Stimmt vielleicht auch, aber warum schaut er dann so gerne schlanken Frauen hinterher?
   Ich finde es befremdlich, wenn manche Frauen in einer langjährigen Beziehung sich nicht mehr schminken, sich nicht mehr zurechtmachen, zu Hause in ollen Klamotten herumlaufen. Ich freue mich, dass auch Jürgen ein Mensch ist, der sehr auf Körperpflege bedacht ist. Er hält seinen Körper fit und attraktiv, er pflegt sich (wahrscheinlich mehr als die meisten Frauen, hihihi) und ist immer noch ein attraktiver, gutaussehender Mann. Und ich bin bemüht, das Gleiche für ihn zu sein.
   Dann geht es darum, dass wir uns um unseren Partner auch sexuell kümmern. Da dies nochmals ein eigenes Kapitel ist, belasse ich es hier nur bei der Erwähnung und gehe dann später nochmals intensiv darauf ein.
   Und noch etwas: Wenn wir uns frisch kennenlernen, dann geben wir uns Komplimente und überschütten uns mit Anerken-

nung, Lob und Bewunderung. Je länger wir dann zusammen sind, desto mehr schläft dieser Bereich meistens ein. Das sollte nicht sein! Wir sollten uns auch weiterhin diese Anerkennung, diese Bewunderung schenken. Übrigens auch ich als Frau meinem Mann.

3. Komm raus aus der Komfortzone.
   Wie wäre es, wenn du den verrückten Partnertag oder Partnerabend einführst? Nehmt euch einen Tag oder zumindest einen längeren Abend im Monat Zeit, Zeit nur für euch beide. Und dann macht ihr etwas Neues, etwas Außergewöhnliches, etwas Verrücktes. Vielleicht geht ihr wieder einmal ins Kino oder ins Konzert? Aber dann nicht jahrelang immer wieder am verrückten Partnerabend immer wieder ins Konzert oder ins Kino gehen …
   Immer etwas Neues einfallen lassen! Einmal bestimmst du, einmal bestimmt dein Partner, was gemacht wird. Und es gibt eine goldene Regel: Der Partner muss dann immer mit voller Begeisterung dabei sein, darf nicht nörgeln, auch wenn im ersten Moment das, was auf dem Programm steht, nicht gerade verlockend erscheint. Jürgen entdeckte auf diese Weise das Ballett – und weißt du was: Es gefiel ihm sogar!

4. Verreist mehr!
   Verreisen ist mit das Beste, was man in einer Beziehung machen kann. Wenn du mit deinem Partner in der Welt unterwegs bist, lernt ihr Neues kennen und habt unendlichen Gesprächsstoff. Du kommst schon in Vorfreude auf die Reise, wenn du sie planst. Und du bist fasziniert von den neuen Orten, die du kennenlernst und von den neuen Dingen, die du siehst und tust. Ihr habt euch beide jeden Tag dann so viel zu erzählen.
   Ich poste das auch ab und zu auf Instagram, dass es so verdammt wichtig ist, so oft wie möglich gemeinsam zu verreisen.

Bei Jürgen und mir kommt dazu, dass wir sehr gerne im Wasser und unter Wasser sind. Wir lieben es zu schnorcheln und zu tauchen. Ich habe mit dem Tauchen übrigens erst 2015 begonnen, und ich konnte meinem Schatz nicht wirklich versprechen, ob ich es schaffen werde. Wie beim Motorradfahren, war es die Angst – diesmal die Angst vor der Tiefe –, die mich lähmte.

Diesmal war es noch schöner, über meinen Schatten zu springen. Denn schon nach meinem ersten Tauchgang, bei dem ich bereits 12 Meter geschafft hatte, war ich mit dem Tauch-Virus infiziert. Es ist nicht allein das Tauchen, das mir Spaß bringt. Sondern es ist die Erkenntnis, dass man immerzu Neues wagen und seine eigenen Glaubenssätze immer wieder hinterfragen sollte. Sag niemals »Nie«, wenn du es bisher noch nicht mal ausprobiert hast. Und wenn es dann für dich nicht funktioniert? Dann ist es egal, dann kannst du es immer noch bleiben lassen. Wir haben viel zu viel Angst vor einer negativen Erfahrung oder vor einem Scheitern. Mir geht es mittlerweile anders. Ich habe Angst davor, überhaupt keine neuen Erfahrungen mehr zu machen. Es ist doch nicht so schlimm, wenn mal was nicht klappt – so what? Ich pfeif drauf!

Es schadet übrigens auch nicht, sich mal Hilfe von außen zu holen, wenn man selbst nicht weiterkommt. Ich war damals, in der Anfangsphase meiner Metamorphose, ein bisschen naiv und habe gedacht, ich könnte alles allein schaffen. Nachdem ich mich sehr viel mit mir selbst beschäftigt und auch vieles in Frage gestellt hatte, brauchte ich aber doch ein bisschen professionelle Hilfe und holte mir Bestätigung für mein Denken und Handeln.

Das hört sich jetzt wirklich scary an, ist es aber nicht. Ich kann dir nur empfehlen, dich emotional auf eine Reise zu begeben, um dein inneres Glück in der Partnerschaft zu finden. So habe ich damals die Seminarreihe *Lifing – Die Kunst zu leben* zum zweiten Mal besucht. Das sind mehrere Seminare, die Jürgen 2004 erstellt hat. Hier wurde mir klar, was wichtig in meinem Leben ist – und was nicht!

Und wichtig in meinem Leben war und ist mir vor allem die Liebe, also meine Familie und Jürgen! Also habe ich mehr und mehr angefangen, an unserer Beziehung zu arbeiten. Und meine innere Balance wieder gefunden.

Jetzt bist du dran: Warum du deinen Partner liebst

Führt euch vor Augen, warum ihr euch liebt, warum ihr füreinander bestimmt seid. So könnt ihr eurer Beziehung neuen Stoff für Gespräche und einen neuen Push geben!

Nehmt euch beide einen Zettel und einen Stift und verfasst eine Liste mit der Überschrift

Ich liebe XX, weil ...

Und dann findet möglichst viele Gründe, warum ihr euren Partner liebt, und schreibt sie auf. Nehmt euch dafür ausreichend Zeit. Setzt euch anschließend gegenüber hin, schaut euch tief in die Augen, und jeder liest vor, was er geschrieben hat. Entweder liest der eine seine ganze Liste vor und dann der andere, oder ihr wechselt euch gegenseitig ab. Haltet ausreichend Taschentücher bereit, denn ich verspreche dir, da wird so manche Träne fließen ...

Das ist eine der besten Übungen, die ich bei Jürgen in seinen *Lifing*-Seminaren gemacht habe. In einem bestimmten Bereich der Seminare geht es nur um Beziehungen. Und jeder Teilnehmer macht diese Übung vor Ort – entweder sitzt der Partner auch im Seminar, oder er wird direkt angerufen. Wenn nach dieser Übung alle wieder im Seminarraum versammelt sind, sieht man plötzlich viele rote Augen.

Jetzt bist du noch mal allein dran. Hier kannst du mehr über dich und deine Beziehung herausfinden. Die Fragen mögen auf den ersten Blick banal wirken, aber ich bitte dich: Denke nach und beantworte sie ehrlich. Und natürlich: Ziehe deine Schlüsse daraus! Oder, um es mit anderen Worten zu sagen: Komm ins Handeln!

Jetzt bist du dran: Der Status Quo deiner Beziehung

Ist deine Beziehung noch lebendig?

☐ Ja ☐ Nein

Gibst du dir jeden Tag Mühe, attraktiv für deinen Partner zu sein?

☐ Ja ☐ Nein

Treibst du regelmäßig Sport?

☐ Ja ☐ Nein

Gefällst du dir so, wie du bist?

☐ Ja ☐ Nein

Gibst du jeden Tag dein Bestes?

☐ Ja ☐ Nein

Hast du ein positives Mindset?

☐ Ja ☐ Nein

Bist du voller Energie und Tatendrang?

☐ Ja ☐ Nein

Bist du eine Inspiration für deinen Partner?

☐ Ja ☐ Nein

Was könntet ihr gemeinsam Neues anfangen?

____

____

____

Bist du wirklich zufrieden?

☐ Ja ☐ Nein

Was würdest du an deiner Beziehung ändern, wenn du drei Wünsche hättest?

1. ______________________________________
2. ______________________________________
3. ______________________________________

AUTOSUGGESTIONEN

Auch deine Beziehung zum Partner kannst du mit Affirmationen stärken:

- Ich liebe meine Partnerschaft.
- Ich lebe eine glückliche Partnerschaft.
- Ich gebe Liebe und empfange Liebe.
- Ich freue mich auf jeden Tag mit meinem Partner.
- Das Leben ist schön!
- Ich bin schön!
- Mein Partner findet mich hübsch, attraktiv und sexy!

- Ich bin begehrenswert! Ich begehre meinem Partner!
- Unsere Liebe ist unendlich und ein magisches Miteinander!
- ______________________________________
- ______________________________________
- ______________________________________
- ______________________________________
- ______________________________________
- ______________________________________
- ______________________________________
- ______________________________________

KAPITEL 6

HOL DIR DAS KNISTERN ZURÜCK

»Kerstin, nach so vielen Jahren musst du doch dem Sex nicht mehr so viel Bedeutung geben!«

»Kerstin, nach so vielen Jahren ist Sex nicht mehr so wichtig!«

Nen Scheiß muss ich!

Meine ursprüngliche Idee für die Überschrift zu diesem Kapitel war: *Sei eine Bitch!*

Häh, denkst du jetzt vielleicht? Will ich das überhaupt?

Ich sage dir: Na klar willst du das! Stell dir vor, wie heiß die Anfangsphase eurer Beziehung war. Dieses ständige Kribbeln im Bauch, dieses Gefühl, dass man explodieren könnte, wenn man nicht auf der Stelle Sex mit genau diesem Menschen haben kann. Diese Lust, dieses unstillbare Verlangen! Das meine ich, wenn ich davon rede, du sollst eine Bitch sein.

Es ist wohl ganz normal, dass das Sexleben in den meisten Beziehungen über die Jahre hinweg ein wenig einschläft – oder ganz … Wir werden älter, die Hormone spielen nicht mehr verrückt, der Alltag will andauernd was, und so möchte man am Abend irgendwann nur noch das Licht ausschalten und seine Ruhe.

Wirklich jetzt?!?

What the fuck!

Wieso sollte ich mich mit dem Fernsehprogramm zufriedengeben, wenn ich einen Orgasmus haben kann!

Was ich meine, ist, du solltest dir ganz aktiv das Knistern zurück in dein Leben holen. Weil es guttut – dir und deinem Partner und am Ende auch deiner Beziehung. Sex ist Nähe, Sex ist Berührung, Sex ist Liebe. Ich will mehr davon!

Egal, wie du es nennst, »Liebe machen« gehört einfach zu einer intakten Beziehung dazu. Wir hatten vor unserer Krise noch ab und zu Sex, aber eben nur ab und zu. Vielleicht nur alle zwei Wochen, einmal die Woche oder alle drei Wochen – ich weiß es nicht mehr genau. Ich wusste aber, dass mein Mann noch sehr potent ist und auch sehr gerne viel mehr Sex haben möchte.

Und diese blöde Behauptung, dass es im Alter normal sei, dass die Libido nachlässt, ist der größte Bullshit, den es überhaupt gibt. Der größte Quatsch aller Zeiten! Gerade wenn man sehr vertraut ist und die Wechseljahre kein Tabu sind, dann hat man immer noch diese Leidenschaft in sich. Man will vielleicht nicht jeden Tag und andauernd Sex, aber man will qualitativ guten Sex haben.

Richtig guter Sex kommt aber nicht nur vom Machen – sondern auch vom Reden. Ja, richtig gelesen! Das größte Sexualorgan ist bekanntermaßen das Gehirn. Wer seinem Partner nicht mitteilt, was er will und wie es ihm gefällt, wird nie richtig guten Sex haben. Und weil wie alles im Leben sich verändert, verändert sich mit der Zeit auch der Sex und das, worauf wir Bock haben.

Und so haben Jürgen und ich auch richtig viel über das Thema Sex geredet. Wir haben uns intensiv ausgetauscht: Was schiefgelaufen ist; was sich verändert hat; was unsere Wünsche sind im Bett; und wie wir es uns wieder schöner machen können – kurz: Wie wir uns das Knistern zurückholen, das früher so ganz selbstverständlich war!

Aber da es nach einem gewissen Zeitraum nicht mehr so einfach passiert, ziehe ich es vor, eine Bitch zu sein. Ich mache mir heiße Gedanken und verführe meinen Partner. Ich überlege mir, was wir im Bett Neues ausprobieren könnten oder was wir schon lange nicht mehr gemacht haben.

Auch die Kreativität in unserem Sexualleben kam vor allem durchs Miteinandersprechen wieder auf. Das geht einfacher als du denkst. Wichtig ist, dass du deiner und seiner Fantasie keine Grenzen setzt. Sei eine Bitch! Trau dich was! Du hast noch nie einen Porno angeschaut? Dann probiere es aus, vielleicht ist es ja was für dich – oder schaut euch gemeinsam was an. Es gibt mittlerweile so viele kostenlose, ästhetische und vielfältige Angebote im Internet, da ist für jeden etwas dabei. Probiert Slow Sex und Massagen aus. Oder erotische Hörspiele bzw. Dirty Talk für Frauen. Kauft gemeinsam Sextoys ein; erzählt euch von euren feuchten Träumen und Wünschen; lest euch erotische Literatur vor. Geht in den Swingerclub ... Was auch immer: Probiert Neues aus und beginnt eine neue sexuelle Entdeckungsreise!

Und das Allerwichtigste: Hör nicht darauf, was andere sagen!

Nen Scheiß musst du!

Zum Thema Sex fällt mir noch eine wichtige Geschichte ein. Ich habe mal während unseres *Power-Days* in Hamburg eine Dame getroffen, die aus dem Rotlichtmilieu kam. Sie hieß Roswitha Neitzel, war Buchautorin und gab in ihren Büchern Tipps und Anregungen für ein erfülltes leidenschaftliches Liebesleben. Ich unterhielt mich damals ziemlich lange mit ihr, weil ich diese Frau megaspannend fand. Weißt du eigentlich, warum so viele Männer zu Prostituierten gehen? Sie erzählte mir klipp und klar, was Männer eigentlich wollen. Männer wollen natürlich in erster Linie, wenn sie zu einer Prostituierten gehen, Sex haben. Aber nicht normalen oder gewöhnlichen Sex, sondern anderen Sex.

Sie sagte mir, dass die größte Klientel verheiratete Männer seien, die in einer angeblichen glücklichen Beziehung lebten, aber zu Hause nicht das von ihrer Frau bekämen, was sie gerne haben würden. Das heißt im Klartext, dass »ihre Alte« keine Lust auf versauten Sex hat! Sie sprechen zum Beispiel ihre Frau auf Oral- oder Analverkehr an und bekommen eine Abfuhr.

»Ne, jetzt nicht. Finde ich nicht so toll. Finde ich ekelig«, und wenn er sie dann wieder mal fragt: »Komm, lass uns doch mal so und so …«, dann bekommt er vielleicht die Antwort: »Naja, heute mag ich nicht, heute will ich nicht.« Beim dritten Mal traut er sich fast nicht mehr zu fragen und bekommt die Bestätigung: »Ach, Schatzi, ich möchte sowas eigentlich gar nicht machen.« Ja, liebe Leute, was macht er dann?

Er traut sich gar nicht mehr, seine Frau zu fragen. Wahrscheinlich ist er leider auch nicht clever genug, ihr das Ganze schmackhaft zu machen. Irgendwann geht er dann zu einer Prostituierten, die es ihm ordentlich besorgt und seine Wünsche erfüllt. Oder es bietet sich irgend so ein etwas jüngeres, netteres, hübscheres süßes Biest an, und dein Mann ist auf Erfolgskurs.

Frau Neitzel sagte mir ganz klar: »Liebe Kerstin, warum fragst du mich so viel über dieses Thema? Ich höre da etwas heraus! Du bist eine tolle Frau! Du bist bestens ausgestattet. Du bist intelligent, du bist hübsch, du bist sexy! Und du hast einen sehr, sehr, sehr hübschen geilen Hengst.« Das waren ihre Worte.

Und dann brachte sie es auf den Punkt: »Ich sage dir nun einen Satz: MACH IHN SATT! Männer wollen fressen und ficken!«

Ich glaube, ich bin in dem Moment mit meinen über fünfzig Jahren rot geworden. Jetzt behaupte ich mal von mir, dass ich nie ein Mauerblümchen war und genau über alle möglichen Praktiken beim Sex Bescheid weiß und die meisten auch praktiziere, aber dennoch hat sie in mir etwas wachgerüttelt. »Mach ihn satt!« BÄM!!!!! WAS FÜR EIN SATZ! Das hat mich schwer getroffen. In diesem Moment wusste ich, dass ich ihn nicht satt genug gemacht hatte, weil auch ich nicht wirklich satt gewesen war!

Ich blöde Kuh hatte die letzten Jahre geglaubt, ich müsste Rücksicht auf ihn nehmen, da er immer so überarbeitet war. Wenn er vom Seminar nach Hause kam, habe ich ihm nicht die Klamotten vom Leib gerissen, sondern ihn erstmal schön bekocht, ihn bequatscht, ausreden, bisschen Fernsehen schauen lassen und habe mich zurückgenommen. Ich dachte immer, er würde erstmal seine Ruhe brauchen! Wie bescheuert ist das denn?

Nen Scheiß muss ich!

Ich hoffe, du verstehst jetzt, was ich meine – ich hatte mich zurückgenommen, ich hatte meine Sexualität zurückgehalten. Mein Bedürfnis nach Sex, nach Kuscheln, nach Liebe, nach allen Arten intimen körperlichen Austauschs hatte ich unterdrückt, weil ich dachte, er kann es jetzt nicht haben, er möchte seine Ruhe, er ist müde und ist überarbeitet.

What the fuck? Ja, was für ein Scheiß? Meine Sexualität, meine Bedürfnisse, meine Leidenschaft hatte ich unterdrückt, um ihn nicht zu überfordern. Stell dir mal vor, wie abgefahren das eigentlich ist. Deshalb sage ich dir: Überlege nicht lange! Sei selbstbestimmt! Komm raus aus deiner Komfortzone!

Und wenn dein Typ nach Hause kommt und du ihn ein paar Tage nicht gesehen hast, dann fall über ihn her, denn er würde es eigentlich auch so machen. Zeig, dass du total heiß auf ihn bist, dass du wild bist, dass du Bock hast, dass es dir Spaß macht, dass du gerne mit ihm Sex hast. Zeig ihm, wie geil und sexy du bist. Sei eine Bitch!

Liebe dich dafür, dass du sexy bist! Liebe dich dafür, dass du deine Sexualität gerne auslebst! Es ist dein wunderbarer Körper, und er ist genau dafür gemacht! Es gibt immer noch Frauen, die sich dafür schämen. Ja, was ist denn dabei? Es ist auch vollkommen egal, ob du verheiratet bist oder in einer Beziehung lebst oder Single bist: Wenn du Bock darauf hast, dann tu es einfach! Sonst machen es andere und haben viel Spaß. Wichtig ist, dass du aus dieser ganzen Routine rauskommst, dass es nicht immer, so wie bei manchen Leuten, nur abends oder nachts stattfindet. Wo am besten das Licht noch aus ist, und unter der Bettdecke hat man dann gemütlichen Routinesex. Na dann, gute Nacht!

Nen Scheiß muss ich!

Sei einfach offen! Mein Mann dachte immer, dass ich keine Pornos mag. Was für ein Quatsch – er hatte nur nie danach gefragt. Also, ich muss sagen, es gibt sehr schöne Pornos, sehr geile Pornos, und die schaue ich mir auch gerne mit ihm zusammen an. Mittlerweile gibt es in diesem Bereich für jeden Geschmack etwas – auch viele erotische Filme, die von Frauen für Frauen gemacht werden und einer ganz anderen Ästhetik folgen. Schmuddelig ist da sicher gar nichts. Das ist ja heutzutage ganz einfach, man schnappt sich sein Tablet, und dann kann man sich einfach mal kurz vor dem Sex ein bisschen Inspiration holen.

Und wenn sich da jetzt innerlich eine Stimme bei dir meldet, die dir sagt: »Ih, eklig, das mag ich überhaupt nicht, das ist nichts für mich.« Dann kann ich darauf nur antworten: Sei jetzt bitte nicht so verklemmt. Lass dich mal auf was Neues ein! Und hör auf, so selbstkritisch zu sein. Du musst kein Supermodel sein, um guten Sex zu haben. Wenn Männer Sex haben wollen, dann schauen sie nicht auf den kleinen Pickel am Kinn oder auf das bisschen Cellulite am Oberschenkel. Sie sehen dich als Gesamtpaket. Und wenn dieses Paket zufrieden mit sich ist und nicht ständig über den Pickel nachdenkt, dann findet der Mann es auch einfach wunderwunderschön und sexy. Strahle das aus, was du sein willst, und der Funke wird überspringen! Für deinen Mann bist du das schönste Sexspielzeug der Welt, wenn du dich und das Liebesspiel genießt.

Lass dich doch einfach mitreißen und verwöhnen, denn zu 99 Prozent will er auch dir etwas Gutes tun. Je mehr es dir gefällt, desto mehr macht es ihn an – ein positiver Kreislauf! Und er will dir zeigen, dass er dein potenter, geiler Hengst ist! Ja, und sage ihm, was du willst! Das ist wieder dieses selbstbestimmte Leben. Warte nicht ab, bis dein Partner irgendwas mit dir macht. Sondern sag ihm, was du möchtest! Jeder hat seine Vorlieben. Der eine mag es von hinten, der andere von vorne, der nächste am liebsten oral usw. Nur: Wieso sollte es dein Partner mühsam herausfinden? Sag ihm, wie du es möchtest!

Sag ihm, wo deine erogenen Zonen sind. Sag ihm das ganz selbstbewusst und sag ihm auch, dass du dieses oder jenes mit ihm machen willst. Ich möchte mal … was weiß ich, füge hier deinen geheimen Sextraum ein … Spring einfach mal über deinen Schatten und lass dich gehen. Ich kann dir nur sagen, wenn man sich diesem Fluss der Sexualität hingibt und dann die Liebe noch im Spiel ist, dann ist es eine wirklich wunderbare Sache, die schönste Sache, die es im Leben überhaupt gibt.

Und gerade wenn man verheiratet oder schon lange zusammen ist, darf es auch richtig versaut sein. Ihr kennt euch schließlich in- und auswendig, ihr habt alle Höhen und Tiefen zusammen gemeistert, ihr könnt euch eurer gegenseitigen Zuneigung sicher sein. Dann kann man sich auch alles sagen. Auch das, was man nicht mag – das ist auch okay. Aber gerade weil wir uns so lange kennen und weil wir so vertraut sind, ist es doch das Allerwichtigste, sich dem Partner hinzugeben und ihn spüren zu lassen, dass es einfach wunderbar ist, mit ihm Sex zu haben.

Jetzt bist du dran: Wie sieht dein ideales Sexleben aus?

Ich fordere dich auf, dir mal Gedanken, zu machen, wann du das letzte Mal mit deinem Partner Sex hattest – richtig guten Sex hattest – und was du dir im Bett (oder woanders?) wünschst. Egal, was es ist, denk daran: Es schaut dir niemand zu, es weiß keiner, diese Liste ist nur für dich. Es sei denn, du lässt dieses Buch einfach offen liegen, an einer Stelle, wo es dein Partner todsicher sieht. Das ergibt eine wunderbare Steilvorlage für ein Gespräch oder eine heiße Nummer!

Wann hattet ihr zuletzt Sex?

____

Wie oft habt ihr Sex?

____

Reicht dir das?

☐ Ja ☐ Nein

Hast du Spaß am Sex?

☐ Ja ☐ Nein ☐ Manchmal

Falls nein, was müsste sich ändern, damit du Spaß hast?

____

____

____

Wovor ekelst du dich?

____

____

Welche Fantasien hast du?

___

___

Ideen für neuen Schwung im Bett. Was würdest du gerne mit deinem Partner ausprobieren?

___

___

So, und wenn du den Mut hast – und ich hoffe, du hast den Mut –, dann wirst du ihn bald darauf ansprechen. Oder du kopierst die Seite aus dem Buch raus, bevor du sie ausfüllst, und gibst ihm die Übung ebenfalls zum Ausfüllen. Dann setzt ihr euch abends mit einem schönen Glas Wein zusammen und tauscht eure geheimen Wünsche aus. Holt euch das Knistern zurück!

Daneben gibt es noch eine ganz einfache Methode, wie ihr euch wieder näherkommt. Berührung ist das Zauberwort. Achtet mehr auf euren alltäglichen Umgang. Denk mal an die Anfangszeit eurer Beziehung: Da habt ihr euch bestimmt immer mit einem Kuss begrüßt und verabschiedet und euch immer wieder mal spontan umarmt. Ihr habt euch buchstäblich zueinander hingezogen gefühlt. Wieso diese kleinen zärtlichen Gesten nicht einfach wiederbeleben? Ich finde es auf jeden Fall ganz entzückend, wenn ich immer wieder ältere Menschen sehe, die sich noch wirklich im Arm halten, Hand in Hand gehen, sich auf der Straße küssen, wo du merkst, auch wenn es nicht mehr so oft ist, aber sie tun es noch! Und das ist wirklich ein Geschenk! Ich kann nur aus meiner Erfahrung sagen, dass es die Beziehung absolut bereichert. Ich hätte nie geglaubt, dass ich meine Partnerschaft noch einmal anders erleben oder neu erfinden könnte.

Es ist nie zu spät, sich voll hinzugeben und alles auszukosten und zu genießen, was die Sexualität dir bietet. Das allergrößte Geschenk ist natürlich, wenn die große Liebe mit im Spiel ist! Denn wenn Liebe und Sexualität, Erfahrung und Vertrautheit zusammenkommen, dann ist das etwas ganz Besonderes. Und das kann man bis ins hohe Alter praktizieren, dafür muss man sich nicht schämen.

Ich muss immer daran denken, was unser Au-Pair-Mädchen Janka aus der Slowakei einmal zu mir gesagt hat: »Meine Eltern sind schon 40, 42 Jahre, aber ich kann das nicht verstehen, dass du und Jürgen noch so verliebt seid und noch so jung seid …«

Und ich fragte: »Ja, warum denn nicht? Was machen denn deine Eltern?«

»Also, da ist immer jeder für sich und sie schlafen auch nicht mehr miteinander.«

Ich dachte mir nur: »Das kann doch wohl nicht wahr sein?!« Janka war damals 18 und hat wirklich geglaubt, dass ihre Eltern quasi, wenn sie über vierzig sind, oder generell Paare, die über vierzig sind, keine sexuelle Beziehung mehr hätten. Anscheinend ist diese Ansicht schon bei jungen Menschen da, und viele können sich nicht vorstellen, dass man bis ins Alter ein aktives Sexleben haben kann.

Ich bitte dich also – damit dich dieses Schicksal nicht auch ereilt: Geh raus aus der Routine, mach alles anders, versuche, mit deinem Partner eine sexuelle Beziehung zu leben, die ein bisschen *out of the box* ist.

Das heißt natürlich nicht, dass du keine Missionarsstellung mehr machen sollst, aber probiere einfach ab und zu mal was aus. Öffne den Blick und bring Schwung in die Kiste! Ich bin keine Sexualtherapeutin – das muss ich auch nicht –, aber ich finde, dass Sex ganz wichtig ist für eine Beziehung und niemals an letzter Stelle stehen darf. Sex entspannt und bringt Harmonie in die Partnerschaft. Das gebe ich dir mit auf deinen Weg.

AUTOSUGGESTIONEN

- Ich liebe Sex!
- Ich bin frei!
- Ich liebe meinen Körper!
- Ich liebe mich!
- Ich habe wundervolle Fantasien!
- Mein Partner findet mich sexy!
- Mein Partner ist geil auf mich!
- Ich bin unersättlich! Ich lebe in einer erfüllten sexuellen Beziehung.
- ______________________________
- ______________________________
- ______________________________
- ______________________________
- ______________________________
- ______________________________
- ______________________________
- ______________________________

KAPITEL 7

IN »WÜRDE« ALT WERDEN

»Kerstin, du bist jetzt fast sechzig, du musst dich mal mehr deinem Alter entsprechend geben.«
»Kerstin, du kannst nicht ewig jung bleiben!«
»Kerstin, mit sechzig sieht man eben so aus!«

Nen Scheiß muss ich!

Ich möchte *extra* mit den interessanten Worten einer bekannten Fernsehmoderatorin (Birgit Schrowange) beginnen, die sie eines Tages nachdem sie entschieden hatte, ihre Haare ab sofort nicht mehr zu färben, auf Facebook gepostet hat: »Der Jugend hinterherzulaufen, ist Blödsinn. Man muss das Alter annehmen.«

What the fuck!

Was soll das denn heißen? Überhaupt regt mich folgender Spruch so auf: In Würde alt werden. Wie bitte? Ich kann diesen blöden Satz überhaupt nicht abhaben. Das muss ich jetzt mal wieder so ganz extrem sagen. Wer bestimmt denn, was genau Würde ist? Vor allen Dingen, wer sagt denn, wann alt werden losgeht? Geht alt werden mit fünfzig los, mit fünfundfünfzig, sechzig, oder ist man erst alt, wenn man schon über siebzig ist? Was soll denn das? In ländlichen Regionen beginnt das »Altwerden« etwas früher, weil die Menschen dort nicht so viel Wert auf Lifestyle legen. In Großstädten haben die meisten einen anderen Lebensrhythmus. Intensiver, aber meist auch ein bisschen oberflächlicher. Das ist ja nicht negativ, sondern heißt, dass mehr Wert auf das Äußerliche gelegt wird. Im Klartext ausgedrückt! Frauen und Männer treffen sich nicht nur im Fitnessstudio, sondern auch beim Beautydoc. Als ich zwanzig war, fand ich Männer mit vierzig uralt. Ich hätte mir niemals vorstellen können, wie es heute so gang und gäbe ist, mich mit solch einem »alten« Sugardaddy einzulassen. Früher fand ich auch Frauen ab Mitte fünfzig, Anfang sechzig schon alt. Heutzutage zeigen uns viele Normalos und Prominente, dass das kein Alter ist, sondern das neue WOW.

Ich habe gerade in einem Magazin einen Bericht über Jennifer Anistons 50. Geburtstag gelesen. Für meine Begriffe hat sie alles richtig gemacht. Sie sieht mega aus! Wieder mal ein Beweis dafür, dass sich eine »reife« Frau nicht dem Verfallsdatum hingegeben hat. Wer nimmt denn bitte schön freiwillig dieses Verfallsdatum an und macht es zu seinem? »Alt werden? Ich weiß gar nicht, was alt ist. Ich fühle mich nicht alt«, so wurde Aniston im Interview mit der Zeitschrift zitiert. Und das kann ich voll unterschreiben.

Ich kann dir sagen: Ich bin sechzig und fühle mich keineswegs alt. Gefühlt bin ich heute jünger als vor 15 Jahren, und darauf kommt es an. Ich fühle mich kraftvoller, energiegeladener, jugendlicher, ich bin offener geworden und habe viel mehr Bereitschaft, etwas Neues zu erleben.

In der Aussage »In Würde alt werden« ist unglaublich viel Negativität enthalten. Natürlich möchte ich ein bisschen provozieren, wenn ich dieses Konzept in Frage stelle. Aber wenn man sich wirklich fragt, was das heißt, in Würde alt werden, stellt man schnell fest, wie absurd das Ganze eigentlich ist.

Ich würde mal behaupten, Folgendes gilt für die Allgemeinheit, wenn man älter wird: Ich färbe mir ab sofort nicht mehr meine Haare. Auch wenn ich meinetwegen dreißig Jahre alt bin und schon graue Haare habe, lasse ich diese in Würde aus meinem Kopf herauswachsen. Sie gehören zu mir, und ich werde meine grauen Haare in Würde annehmen. Dazu kommt, dass ich mich in Zukunft gar nicht mehr schminken brauche. Wieso sollte ich mich attraktiver machen, meiner Haut einen schöneren Teint geben, meine Wimpern tuschen, meine Augenbrauen färben? Ich werde auch keinen Lippenstift mehr benutzen. Warum muss ich mir die Lippen anmalen, wenn ich doch sowieso alt werde und ich in Würde alt werden möchte? Ich werde mich auch in Zukunft überhaupt nicht mehr so pflegen, wie ich es könnte. Ich werde mir die Fingernägel nicht mehr lackieren, geschweige denn in ein Nagelstudio gehen. Am besten werde ich an meinem Körper oder an meinem Gesicht überhaupt nichts mehr verändern, was mich vielleicht einen Tick jünger, frischer oder besser aussehen lässt.

Nen Scheiß muss ich!

In Würde alt werden heißt also, dass ich mich so akzeptiere und dem Alterungsprozess mit allem, was dazu gehört, hingebe. Echt jetzt? Darf ich nicht ein bisschen nachhelfen? Verlangt das mein Umfeld von mir, dass ich jetzt nicht mehr so frisch aussehe? Dass ich nicht mehr so leistungsfähig bin und keinen Sport mehr mache? Dass ich vergesslich werde und allgemein geistig stark nachlasse, nur weil ich mich nicht mehr weiterbilde? Dass es nun mal der Lauf der Zeit ist …

What the fuck!

Ich finde, ich bewahre meine Würde doch gerade dadurch, dass ich mich weiterhin pflege, auf mich achte und Zeit und Energie investiere, um jung und schön auszusehen. Als eine Frau, die schon etwas weiter im Leben fortgeschritten ist, habe ich mindestens genauso viel Recht dazu wie Frauen, die etwas weniger Lebenszeit auf ihrem Konto angesammelt haben. Wenn in Würde alt werden bedeutet, dass ich mich gehen lasse und mich nicht mehr weiterentwickeln darf, dann verzichte ich sehr gerne auf diese Würde.

Ich habe Bekannte und Freundinnen, die auch meinen, dass man in Würde zu altern hat. Die färben sich zwar die Haare und haben Extensions, schminken sich, gehen zum Zahnarzt und lassen sich die Zähne bleachen, lassen sich ihre Fingernägel machen, ihre Augenbrauen färben, tragen künstliche Wimpern und gehen regelmäßig ins Solarium! Ja, sie tun alles, um frischer und schöner auszusehen. Nur wenn es dann darum geht, ein bisschen mehr nachzuhelfen, dann heißt es: »Nein! Um Gottes Willen! Ich möchte in Würde alt werden.«

Ich habe schon am Anfang meines Buches kurz erwähnt, dass ich es sehr gut finde, dass man ein bisschen nachhelfen kann. Denn wenn ich meine Haare färbe, künstliche Nägel trage oder mir ein Permanent-Make-up machen lasse, dann kann ich mir doch auch genauso gut beim Beauty-Doktor ein paar Spritzen setzen lassen. Das ist mein Statement. Ich weiß, da werden jetzt viele sagen: »Um Gottes Willen! Never ever!«

Ich finde das ein bisschen verlogen. Aber vermutlich haben die meisten einfach nur irrsinnig viel Angst, dass irgendetwas schiefgehen könnte oder können oder wollen kein Geld für eine solche Behandlung investieren.

Ganz häufig hört oder liest man, wenn es um eine gutaussehende Frau älteren Semesters geht: »Ich bin ganz ehrlich. Mein Rezept ist, viel Wasser trinken, viel schlafen und Yoga.« Hahaha! Was für ein Quatsch! Wer sowas erzählt, der lügt schlechthin. Viele dieser Promi-Frauen haben einfach Angst, die Wahrheit zu sagen, weil sie befürchten, angefeindet zu werden oder, wie man das heutzutage nennt, »gehatet« und als »künstlich« dargestellt zu werden.

All diese Frauen, die im Fernsehen moderieren, alle diese schönen Beautys, die Frauen, die irgendwo zwischen 35 und 65 sind und top aussehen, wenig Falten und fülliges Haar haben, wo alles passt und alles schön ist, die trinken leider nicht nur Wasser. Unsere Gesellschaft ist da sehr verlogen – im Gegensatz zu Amerika, wo es viel selbstverständlicher ist, zuzugeben, dass man nachgeholfen hat.

Kürzlich habe ich ein Interview mit Frauke Ludowig in der *Bunte* gelesen. Hier beteuerte sie, dass sie nichts mache. Sie würde viel schlafen, viel Wasser trinken und sich nur am Wochenende mal ein Glas Alkohol erlauben. Sie gönne sich regelmäßige Besuche bei ihrer Kosmetikerin. Botox komme für sie nicht in Frage, aber Hyaluron lasse sie sich dann doch spritzen. Ja, was denn jetzt, Frau Ludowig? Auf jeden Fall hat sie eine wunderbar glatte Stirn und sieht mega aus! Die Frau ist Mitte fünfzig und sieht einfach super aus! Wo ist da bitte schön der Fehler?

Sylvie Meis, die sich kürzlich geoutet hat, habe ich auf der wundervollen Hochzeit von Barbara Meier und Clemens Hallman in Venedig kennengelernt. Sie hat ganz offen darüber gesprochen, dass sie in Berlin regelmäßig zu ihrem Beautydoc geht. Mittlerweile macht Sie sogar Werbung für Dr. Emi Arpa. Das macht sie unheimlich sympathisch, weil sie ehrlich mit diesem Thema umgeht.

Wenn du einen schönen Körper haben und insgesamt fit und attraktiv aussehen willst, dann musst du dafür hart arbeiten, nämlich Sport treiben und auf deine Ernährung achten. Das ist einfach so. Es geht hier nicht um einen Barbiepuppen-Körper. Es geht um einen schönen, wohlgeformten Körper, einen Körper, der voller Energie steckt und sexy ist. Es geht um Ausstrahlung. Und wenn du das allein nicht schaffst, dann ist es auch legitim, dass du zu einem Spezialisten gehst, der dir hier und da ein bisschen bei deinen Konturen hilft. Heutzutage ist alles möglich! Alles, was wirklich gut gemacht ist, wirkt auch nicht unnatürlich. Und ein Gesicht mit Ausstrahlung kann auch ein bisschen Hyaluron oder Botox vertragen.

Als man kürzlich Bonnie Tyler (68) fragte, was sie für ihr Aussehen tue, sagte sie: »Botox, seit über zwanzig Jahren. Und Hyaluron-Filler für meine Mundwinkel, damit ich nicht so muffig wirke. Diäten mache ich keine! Bevor ich auf die Bühne gehe, trinke ich immer ein Glas Jack Daniels.« *Bäm! Respekt!*

Ich habe mich einige Jahre mit diesem Thema befasst, viel gelesen und auch einiges ausprobiert, und ich bin sehr, sehr glücklich, dass es heutzutage diese Methoden gibt. Ich gebe ganz offen zu, dass ich ein sehr gutes Leben führe, aber ich bin nicht immer diejenige, die früh schlafen geht, keinen Alkohol und viel Wasser trinkt. Ich habe bei mir nachgeholfen, und ich sage dir jetzt auch, was ich habe machen lassen.

Nachdem ich so wunderbar abgenommen hatte, mehr als zwölf Kilo, hatte ich keinerlei Spuren an meinem Körper, denn ich habe Gott sei Dank ein gutes Bindegewebe. Zum Glück sah man nicht, dass ich einmal fülliger gewesen war und zwei Schwangerschaften hinter mir hatte. Bei meinem Gesicht war das ein bisschen anders. Ich habe oft nicht darauf geachtet, dass ich vielleicht zu viel Sonne abbekomme. Ich bin hellblond, dementsprechend empfindlich ist meine Haut. Was mich am allermeisten an meinem Gesicht gestört hat, war meine Augenlidfalte, die schon runterhing und die Fältchen über meinen Lippen, die ich von meiner Mutter geerbt habe. Deshalb habe ich mich dazu entschlossen, hier chirurgisch nachhelfen zu lassen. Und es war toll, es hat richtig gutgetan! Dadurch bekam ich mehr Selbstbewusstsein und habe mich automatisch besser gefühlt.

Natürlich gibt es viele vermeintlich gute Argumente gegen künstliche Eingriffe, ich habe sie alle schon gehört:

- Zu jung für größere Brüste mit 18, 19 oder zwanzig Jahren.
- Zu jung für dicke aufgespritzte Lippen.
- Wo soll denn das hinführen?

- Noch mehr, immer noch etwas mehr … bis hin zu einer Karikatur. Dafür gibt es viele negative Beispiele.
- Warum überhaupt etwas künstlich verschönern?

Ja, das ist ein Argument. Darauf kann ich nur antworten:

- Warum dann zum Friseur, die Haare färben?
- Warum die Fingernägel im Nagelstudio pflegen lassen?
- Warum sich eine modische Brille aussuchen?
- Warum sich ständig Klamotten kaufen?
- Ist Sport nicht auch schon eine künstliche Veränderung?
- Ein Schiff aus Holz wird auch jedes Jahr erneuert. Planken werden ausgetauscht und gestrichen. Danach sieht es wie neu aus, ist aber immer noch das alte …

Viele Argumente sind meiner Meinung nach nicht wirklich stichhaltig. Wo ist die Grenze? Ja, man kann sagen, es ist mir zu teuer. Oder: Ich habe Angst, dass was schiefgeht. Oder: Ich bin zufrieden mit meinem Aussehen. Aber andere verteufeln, weil sie zum Beauty-Doc gehen, das geht mir zu weit. Ich will aber auch nicht verschweigen, dass viele andere Frauen positiv oder interessiert reagieren auf meine Schönheits-OPs. Weil ich offen mit dem Thema umgehe, werde ich immer wieder mal gefragt, was man denn machen könne?

Das ist eine schwierige Frage, denn die kann eigentlich nur jeder für sich selbst beantworten.

Die erste Frage müsste lauten: »Wo habe ich den größten Leidensdruck?«

Beispiel: Wenn eine Frau nach einer Schwangerschaft hängende Brüste hat oder der Bauch extrem ausgeleiert ist, dann erscheint es mir persönlich sinnvoll, mit den modernen Methoden der ästhetischen Medizin etwas nachzuhelfen. Aber: Jede Frau muss für sich selbst wissen, wie sie sich schön und attraktiv findet.

Entscheidend ist für mich, dass man tief in sich hineinhört und sich nichts von anderen ein- oder ausreden lässt. Anders ausgedrückt: Was du selbst willst, sollte die Richtschnur für dein Handeln sein! Ich will überhaupt nicht sagen, dass jede Frau jenseits der fünfzig plastische Chirurgie oder Botox nötig hätte. Überhaupt nicht! Ich will nur zeigen, wie wichtig es ist, selbstbestimmt zu leben. Sich nicht vorschreiben zu lassen, was man darf oder soll. Du allein bestimmst, wie du leben möchtest und was dir guttut!

Deshalb finde ich es auch so unnötig und traurig, wenn frau viele Jahre lang leidet, obwohl sie eigentlich längst was verändern könnte. Natürlich, es ist eine Frage des Geldbeutels. Nicht jeder kann sich bestimmte Dinge leisten. In dem Fall würde ich eine Prioritätenliste machen, was mir das Allerwichtigste ist – und versuchen, es doch irgendwie möglich zu machen. Ist dir das gestraffte Augenlid wichtiger als der nächste Italienurlaub? Dann mach es! Du triffst die Entscheidungen, du ganz allein!

Aber natürlich akzeptiere ich auch eine vollkommen andere Meinung. Wer mit seinem Körper im Reinen ist, der muss auch nichts verändern. Wichtig ist, dass du dir von niemandem einreden lässt, was gut oder schlecht für dich ist. Wenn du unsicher bist, solltest du dich ausführlich informieren und dann vielleicht mit deinem Partner eine Entscheidung treffen, der dich natürlich unterstützen sollte.

Freundinnen fragen ist leider keine so gute Idee, denn die wenigsten sind ehrlich. Ich habe schon so viele Leute kennengelernt, ob in Seminaren oder im Bekanntenkreis, die bis heute nicht zugeben, dass sie nachhelfen lassen, obwohl es offensichtlich ist. Sprichst du sie darauf an, dann kommt dieser blöde verlogene Spruch: »Nee, wieso, ich mache gar nichts. Ich habe gute Gene!« Ich bin offen, ich gehe damit offen um, denn ich finde es unheimlich wichtig, dass man aufklärt und niemand zu irgendwelchen Scharlatanen geht. Heute darf mittlerweile jeder Arzt ein Beauty-Doc sein. Ich möchte dich informieren und dir weiterhelfen.

Und wenn du jetzt sauer bist und sagst: »Kerstin, du hast einen Knall! Ich will das nicht mehr lesen. Du bist für mich ab jetzt kein Vorbild mehr!« Dann ist das für mich auch okay. Ich muss und will gar kein Vorbild sein – ich will nicht allen gefallen, nur mir!

Nen Scheiß muss ich!
Ich will mir selbst gefallen!

Mir ist wichtig, dass man immer das Positive sieht und erreichen will. Deshalb möchte ich dir sagen, dass mir die Schönheits-Behandlungen sehr gutgetan haben. Es war unglaublich, wie schnell die Falten weg waren! Ich hätte singen können vor Glück – und das habe ich auch ausgestrahlt. Und tue es immer noch. Hab keine Angst, es lohnt sich! Es ist wirklich schön, und ich sage dir, du wirst dich besser fühlen, weil du in dem Moment viel mehr Selbstbewusstsein bekommst. Wenn deine innere Schönheit mit deiner Äußeren eine Einheit ist, wirst du glücklicher sein!

Bereits bevor ich angefangen habe, über Schönheits-OPs nachzudenken, hatte ich schon eine sehr gute Gelegenheit, mich körperlich zu verändern. Auf einem unsere Seminare lernte ich die die Friseurin Ayse Auth kennen. Sie hatte den Mut, mir knallhart zu sagen: »Hey Schätzchen, du hast einen Look, der sieht so alt aus. Du musst unbedingt zu mir kommen. Ich lade dich in meinen Friseursalon ein.« Da ging's wie so ein Ruck durch meinen Körper, denn sie hatte einen wunden Punkt getroffen. Das meine ich, wenn ich sage: Freundinnen sind oft kein guter Ratgeber. Es ist ja schön, dass sie dich so mögen, wie du bist. Aber häufig halten sie mit ihrer wahren Meinung hinterm Berg, denn sie wollen dich nicht verletzen. Ayse kannte mich nicht so gut, deshalb konnte sie da offener sein. Außerdem ist Beratung in Schönheitsdingen ihr Geschäft – und von dem versteht sie etwas!

Diese Ansprache war für mich damals genau richtig, wahrscheinlich hat sie das geahnt. Kurze Zeit später bin ich wirklich in ihren

Salon nach München gefahren, um mich beraten und umstylen zu lassen.

»Schau mich an, ich habe total schwierige dünne Haare. Was können wir tun?«

Zuerst verdichtete sie mir die Haare mit Extensions, dann glättete sie meine Kräuselmatte, und heraus kam ein völlig anderer Look. Ich staunte nicht schlecht. Allein durch meine neue Frisur sah ich fünf Jahre jünger aus!

Ich bin Ayse heute so dankbar, dass sie mir dieses Angebot gemacht hat und vor allen Dingen, dass sie mir ganz ehrlich ins Gesicht gesagt hat: »Kerstin, das geht nicht. So passt du nicht zu deinem Mann. Dein Mann ist ein jugendlicher Typ, und du hast einen Altfrauen-Look!«

Diese Begegnung war wie eine Heilung! Unbezahlbar! Übrigens hat Ayse für dieses Umstyling kein Geld verlangt, sie wollte mich glücklich machen! (Was sich natürlich trotzdem auszahlt, denn ich empfehle sie fleißig weiter.) Danke, meine liebe Ayse! Öptüm!

Alles, was ich dir jetzt beschrieben habe, solltest du vorrangig aus Liebe zu DIR machen. Dennoch möchte jeder dem anderen gefallen. Deshalb: Mach deinem Partner dieses Geschenk, zeig ihm, dass du dich bemühst, für ihn hübsch zu sein. Du wirst sehen, da kommt so viel zurück. Ich kann es nur immer wieder nur betonen. Es ist eines der wichtigsten Lebensgesetze: »Das, was du bereit bist, von dir zu geben, bekommst du oft doppelt und dreifach zurück.« Umgekehrt gilt das natürlich auch: Durch unsere Krise habe ich zum ersten Mal alles zur Sprache gebracht, was mir gefällt und was mir nicht gefällt. Dadurch haben wir uns als Paar enorm weiterentwickelt und eine ganz neue Lebensqualität gewonnen, die wir niemals wieder hergeben möchten.

Ich liebe mein Leben. Ich liebe meinen Mann. Ich liebe mich JETZT, so wie ich bin.

Jetzt bist du dran: Möchtest du in Würde altern oder dich nach Lust und Laune schön machen?

Hier eine kleine Übung, anhand derer du herausfinden kannst, ob du gerade schon in Würde alterst, oder ob du doch gerne noch mal was ändern möchtest an deinem Äußeren. Stell dich dazu mit dem Buch vor den Spiegel und betrachte dich genau.

Wo an deinem Körper hast du großen Leidensdruck?

____

____

Kannst du dein Alter akzeptieren?

☐ Ja ☐ Nein

Liebst du dich so, wie du bist?

☐ Ja ☐ Nein

Findest du dich attraktiv?

☐ Ja ☐ Nein

Hast du dich vernachlässigt?

☐ Ja ☐ Nein

Gibt es irgendetwas, das du an deinem Körper ändern würdest? Welche Dinge sind das?

____

____

Gibt es irgendwas in deinem Gesicht, das dich persönlich stört? Falls ja, was genau?

____

____

Willst du wirklich diejenige bleiben, die du gerade im Spiegel siehst?

☐ Ja ☐ Nein

Bist du bereit, dich zu verändern?

☐ Ja, unbedingt! ☐ Nein, eher nicht.

Falls nein, was hindert dich daran?

____

____

AUTOSUGGESTIONEN

- Ich liebe mich!
- Ich liebe mein Leben!
- Ich liebe und akzeptiere mich so, wie ich bin!
- Ich liebe mein Alter!
- Ich bin bereit, mich innen und außen zu verändern.
- Ich arbeite an meinem Mindset.
- Ich bin frei von negativen Gedanken, die mein Alter in Frage stellen.
- Ich fühle mich jung und kraftvoll!
- Ich freue mich auf jede neue Herausforderung!
- Ich fühle mich von Tag zu Tag immer besser, besser und besser!
- In mir brennt immer noch das Feuer der Begeisterung!
- Ich will leben!
- ____________________
- ____________________
- ____________________
- ____________________
- ____________________
- ____________________
- ____________________
- ____________________

KAPITEL 8

WAS SIND BITTE SCHÖN WECHSELJAHRE?

»Kerstin, wenn du in die Wechseljahre kommst, ist es normal, dass du Beschwerden hast! Akzeptiere es einfach!«

Nen Scheiß muss ich!

In die Wechseljahre, die sogenannte Menopause, kommen wir eines Tages alle. Ob Männlein oder Weiblein. Witzig ist nur, dass bei den Männern diese Wechseljahre als Midlifecrisis beschrieben werden, in denen Mann manchmal ausrastet oder Unfug treibt. Männer orientieren sich neu, fühlen sich plötzlich nochmal richtig toll, jung, voller Energie und flirten oft mit jüngeren Frauen. Wenn sie dann noch finanziell frei sind, spielt das Alter bei den jungen »Damen«, die ihre Töchter sein könnten, keine Rolle! Gemäß dem Motto: »Cash macht fesch!«

Was machen wir Frauen? Wir geben uns dem Verfallsdatum hin und akzeptieren diese blöde Phase in unserem Leben, die uns einreden möchte, dass wir jetzt alt sind. Wenn man zum Beispiel beim Frauenarzt zwischen den Zeilen liest, fällt die versteckte Botschaft auf: »Du bist jetzt keine junge Frau mehr, sondern alt, denn eine Frau, die keine Periode mehr hat, ist in den Wechseljahren beziehungsweise eine Oma.«

Das ist natürlich jetzt ein bisschen provokant von mir ausgedrückt, das sagt so natürlich keiner – aber durch die Blume bekommen wir Frauen durchaus diesen Stempel aufgedrückt.

What the fuck!

Ich habe meine Mutter in der Zeit, als sie Mitte vierzig war, noch gut in Erinnerung. Sie suhlte sich geradezu in den Wechseljahren und gefühlt bis zum Alter von sechzig Jahren war sie ständig mit den Nerven fertig, am Rande eines Zusammenbruchs, hat geschwitzt, war immer gereizt und hatte Fressanfälle. Letztendlich nahm sie dann Hormone und Beruhigungstabletten, weil die Frauenärztin ihre Lebensqualität verbessern wollte. Diese kleinen grünen Tabletten wirkten viele Jahre Wunder! Dass sie mit den Jahren abhängig von dieser »Droge« wurde, hat niemand so richtig bemerkt. Ich finde, keine so gute Lösung, um mit dieser Zeit des Umbruchs fertig zu werden. Liebe Mutti, ich habe dich immer geliebt, aber deine Wechseljahre gingen uns allen auf die Nerven!

Nicht für mich bestimmt!

Für mich war ganz klar, dass ich das so nicht mitmache! Ich hatte mir das schon früher geschworen: »Da mache ich nicht mit! Mit diesem Horror im Hinterkopf, wie ich meine Mutter jahrelang erlebte.« Mein Vater hat sich in seine Arbeit geflüchtet, und meine Mutter hat zu Hause geheult! Anstatt sich weiterzubilden oder Sport zu treiben, ist sie vor lauter Selbstmitleid fast in eine Depression abgerutscht. Gott sei Dank hatte sie ihre kleinen grünen Tabletten …

Ich wollte mich den Veränderungen in meinem Leben nicht einfach ohnmächtig ergeben, sondern frei und selbstbestimmt agieren. Es ist eine bewusste Entscheidung: Entweder ich suhle mich in diesem Wechseljahr-Mist oder ich sage einfach: »Mein Gott, ja, es ist heute vielleicht mal nicht so wie gestern, aber es ist auch völlig Wurst.«

Ich weiß noch ganz genau, wie mir mein Arzt diesen Satz sagte, ohne dass ich im Mindesten über Beschwerden geklagt hätte: »Sie sind jetzt in den Wechseljahren, und wenn Sie möchten, dann kann ich Ihnen einige Hormone verschreiben.« Gott sei Dank bin ich nicht so ein Mensch, der immer gleich alles abkauft, was andere einem erzählen oder suggerieren. Die »Götter in Weiß« beherrschen das perfekt! Ich habe nur abgewunken und bin nach Hause gegangen.

Dort machte ich mir Gedanken, meditierte ein wenig und fragte mich: »Bin ich jetzt wirklich in den Wechseljahren, oder ist das alles nur Quatsch?« Ich hatte bis dato noch nichts davon gespürt, außer dass ich keine Periode mehr hatte oder nur noch hin und wieder. Ansonsten fühlte ich mich nicht schlecht und bemerkte auch keine Anzeichen von Schweißausbrüchen, Schüttelfrost, Nervenzusammenbrüchen oder anderen Zuständen. Eigentlich war ich heilfroh, dass ich nicht mehr diese monatlichen Blutungen hatte. Dadurch wurde mir ein Stück Freiheit geschenkt! Ich konnte jetzt immer mit meinem Mann Sex haben, egal, wie, wann oder wo …

Ich will damit nicht sagen, dass es all diese Beschwerden nicht gibt. Aber wenn man sich so umschaut, meint man, dass es ein Naturgesetz ist, wenn es Frau in der Menopause schlecht geht. Du wirst von allen Seiten mit diesen »Infos« vollgeballert. Hauptsächlich in den Medien, in jedem Klatschblatt wird über die Menopause berichtet. Überall nur Negatives, nichts Positives! Da wird berichtet, dass du plötzlich eine trockene Scheide haben könntest, dass dein Sexualleben darunter leiden wird, dass du vielleicht sogar keine Lust mehr auf Sex haben könntest, dass du schlichtweg frigide wirst.

Kein Wunder, dass viele von uns nicht gerade hoffnungsvoll in diese Phase ihres Lebens gehen. Aber genau darum geht es doch, um das Mindset. Wenn du der festen Überzeugung bist, dass Sex ab 45 schlecht und nichts mehr für dich ist, wird das auch genauso eintreten. Durch all das verlierst du dann deine Anziehungskraft, die du früher hattest. Denn Männer spüren bzw. wittern, wenn Frauen keinen Sex mehr haben möchten. Natürlich verändert sich in den Wechseljahren vieles. Dein Körper ist nicht mehr der einer Zwanzigjährigen, das ist doch klar. Aber wenn du immer noch Lust hast und ein bisschen auf dich achtest, wirst du auch eine erotische Ausstrahlung haben. Das wird natürlich nichts, wenn du davon ausgehst, dass du jetzt »in Würde altern« musst und zur Oma mutieren sollst. Dann wirst du dich auch unattraktiv fühlen – und das auch ausstrahlen.

Nimm dir lieber ein Beispiel an den Männern! Die haben in den Wechseljahren eine so genannte Midlifecrisis. Da zünden sie noch mal richtig auf! Wechseln den Beruf, kaufen sich einen geilen Schlitten und suchen sich eine jüngere Partnerin. Die machen sich keine Gedanken darüber, ob sie lächerlich wirken oder andere Menschen mit ihrem Egotrip verletzen.

Mach es ihnen nach: Sei einfach du und lass deinen Gefühlen freien Lauf! Und wenn dein Partner das nicht akzeptieren möchte, dann musst du eben die Konsequenzen ziehen. Daher kommt ja auch der Begriff »Lebens-Abschnittspartner«. Oder, mit anderen Worten: »Wenn das Pferd tot ist, dann steige ab!« Dieser Satz, der den Dakota-Indianern zugesprochen wird, hört sich jetzt ein bisschen krass an. Auch wenn ich nur damit provoziert habe, sagt er uns letztendlich die Wahrheit, die wir oft nicht sehen bzw. hören wollen. Es gibt unzählige Studien darüber, dass ganz viele Menschen in unglücklichen Beziehungen leben, weil sie nicht ehrlich zu sich selbst sind. Frei nach dem Motto: Lieber eine schlechte Beziehung als gar keine. Aber viele Studien sagen auch, dass sich in diesem Lebensabschnitt besonders viele Menschen trennen – und das geht oft von der Frau aus. Was meiner Meinung nach daran liegt, dass viele dann aufwachen und so wie ich sagen: Wer bin ich eigentlich? Was will ich eigentlich?

Und wem meine Aussagen im letzten Abschnitt zu krass sind: Das muss jetzt auch nicht immer in einer Trennung münden – ich bin ja das beste Beispiel dafür. Aber sich einfach in sein Schicksal zu fügen und eine alte Frau zu sein, kommt für mich nicht in die Tüte. So ein Quatsch! Jetzt erst recht! Ich finde, Wechseljahre haben etwas Schönes in sich. Wechseljahre – ich wechsle von der einen auf die andere Seite meines Lebens. Das heißt, ich wechsle von der Mutterrolle, von der Frau, die vielbeschäftigt ist, die gestresst ist, die für alle da sein muss, die Multitasking ist, auf eine ganz besondere Seite. Nämlich auf die Seite, die dir das Frausein erleichtert und verschönert. Du bist jetzt dort angekommen, wo du endlich Zeit für dich hast, um die zweite Hälfte deines Lebens von seiner schönsten Seite zu kosten. Fertig mit der Kindererziehung zu sein, den Lebenspartner genießen können, in der Lage zu sein, deinen Körper zu spüren und erfüllten Sex zu haben. Dinge auszuprobieren im Sexualleben, die man sich vorher nicht getraut hatte, weil man nicht reif genug dafür war. Deinen Partner auf eine neue Art und Weise zu entdecken. Deine Körperlichkeit einfach zu genießen und eben diese Weisheit, die mit dem Älterwerden kommt, anwenden zu können. Viele Dinge mit einer ganz gewissen Cleverness und Intelligenz besser zu verstehen. Ich finde, so ein Frauenbild passt auch in den Rahmen »Wechseljahre« – und ergibt ein richtiges Kunstwerk.

Liebe Frauen, Wechseljahre, das ist keine Krankheit! Wechseljahre sind geil. Wir wechseln von der vollgepfropften Seite, die uns so viel Stress bereitet hat, auf eine Seite des Wohlbefindens. Wir haben die Chance, noch einmal alles neu aufzurollen, denn jetzt hindern uns keine Kinder mehr und keine Konventionen. Nur wir selbst schränken uns ein. Hör damit auf!

Nen Scheiß musst du!

Und natürlich darfst du alle Möglichkeiten, die dir dabei helfen, nutzen. Über Sport und äußere Attraktivität habe ich schon geschrieben. Hol dir aus allen Bereichen die Unterstützung, die du brauchst. Ich zum Beispiel habe vor ein paar Jahren angefangen, Vitamine und andere Nahrungsergänzungsmittel zu nehmen, die meinen Hormonhaushalt auf natürliche Weise positiv beeinflussen. Gott sei Dank habe ich auf einem unserer Seminare Dr. Michael Spitzbart kennengelernt, der sich in Sachen Blut besonders gut auskennt. Nach einer Blutentnahme nahm er mein gesamtes Blutbild bzw. mein Hormonbild und meine Aminosäuren-Werte bis in die kleinsten Details auseinander und stellte dann mit Hilfe seiner Diagnostik eine perfekte Mischung aus Vitaminen, Mineralien und Aminosäuren für mich zusammen, die ich seit Jahren nehme. Ich fühle mich super ausgeglichen und pudelwohl! Natürlich kostet dich das etwa 100 Euro im Monat, aber das bin ich es mir wert. Wenn du neugierig geworden bist, google einfach mal nach »Sanaponte«.

Da fällt mir auch noch eine wunderschöne Geschichte ein, die dich vielleicht schmunzeln lässt. Ich hatte einen Termin beim Frauenarzt zur Routineuntersuchung, und kurz davor hatte ich immer wieder so ein Ziehen im Unterleib. Da dachte ich mir: Der Termin kommt gerade recht. Wie ihr wisst, mache ich täglich meine Autosuggestionen. Einige davon heißen: »Ich bin jung und schön. Ich bin jung und attraktiv. Ich bin jung und voller Kreativität. Ich fühle mich wie eine junge Frau. Ich bin gesund und vital. Ich blühe voller Energie. Ich bin jung, sexy und schön.« Ich hatte mich wie bereits erwähnt in meiner Metamorphose jung gesprochen, weil ich diese ganzen Älter-werden-Geschichten nicht akzeptieren möchte. Dazu stehe ich! Während der Untersuchung zeigte mir der Arzt ein Ultraschallbild und sagte: »Da hat sich tatsächlich eine große Schleimhaut an der Gebärmutter aufgebaut. Das sieht aus wie bei einer jungen Frau, und es könnte sein, dass Sie in nächster Zeit eine Blutung bekommen.«

Ich fragte ihn: »Ich bin schon längst drüber hinaus, ich habe schon seit Jahren keine Periode mehr. Wie soll das denn jetzt gehen?«

Er teilte mir mit, dass sowas in seltenen Fällen vorkommen könne und dass wir uns jetzt überlegen müssten, wie wir nun vorgingen. Wie Ärzte sind, bot er mir natürlich gleich das Schlimmste an, nämlich, ich solle jetzt schnellstens Hormone nehmen, dann würde sich in kürzester Zeit eine Blutung einstellen und danach müsse ich noch eine sogenannte Ausschabung im Krankenhaus vornehmen lassen.

Ich überlegte mir erst einmal, was der ganze Quatsch solle und fragte nach: »Und was, wenn ich jetzt keine Hormone nehme?«

»Dann kann es natürlich passieren, dass es irgendwo losgeht, wo es Ihnen gar nicht recht ist, und dann müssen Sie trotzdem ins Krankenhaus kommen und eine Ausschabung vornehmen.«

Ich antwortete nur: »Das muss ich mir erst einmal überlegen.«

Später, als ich mich angezogen hatte, saß ich ihm dann noch einmal Auge in Auge gegenüber an seinem Schreibtisch und dachte für mich: »Erzähl mir, was du willst, den Scheiß, den du mir gerade dringend ans Herz gelegt hast, den möchte ich dir nicht abkaufen. Das ist nicht für mich bestimmt, und ich schicke dir diesen Scheiß wieder zurück. Behalte deinen Müll!«

Nen Scheiß muss ich!

Ich ging dann nach Hause gegangen, besprach den Sachverhalt kurz mit Jürgen und stellte mich anschließend vor den Spiegel. »Diese Story ist nicht meine Story! Eine Blutung und ein Krankenhausaufenthalt sind nicht für mich bestimmt.« Diese Autosuggestion wiederholte ich täglich mehrmals für ein, zwei Wochen. Und: Zu guter Letzt ist gar nichts passiert. Ich bekam weder eine Blutung noch sonst irgendetwas. Ich fühlte mich pudelwohl, und als ich dann ein Jahr später wieder beim Frauenarzt war, wusste er gar nichts mehr davon. Erst als ich ihn daran erinnerte, schaute er noch einmal in die Akte. Da stutzte er und sagte völlig ungläubig: »Das kann gar nicht sein, was haben Sie denn gemacht?«

»Wissen Sie, ich habe Ihnen einfach nicht abgekauft, was Sie mir da erzählt haben. Das war nicht für mich bestimmt.«

Ende der Geschichte.

Bitte glaube nicht alles, was dir andere erzählen!

Was ich damit sagen will, ist nicht, dass du sämtliche ärztlichen Ratschläge in den Wind schießen solltest. Natürlich ist es immer wichtig, die jährliche Kontrolle wahrzunehmen, aber bei manchen Diagnosen kann es durchaus sinnvoll sein, eine zweite Meinung einzuholen. Hör auf dein Bauchgefühl!

Es kommt auch immer darauf an, worum es sich medizinisch gesehen handelt: Bei einer Krebsdiagnose sollst du natürlich nicht davonlaufen und es mit Autosuggestionen probieren. Aber solange keine ernste Sache vorliegt, darf man ruhig etwas mutiger sein. Beziehungsweise seinem Gefühl folgen. Du bist verantwortlich für dich! Wenn du bei einer Sache ein schlechtes Gefühl hast, informiere dich ausführlich! Und vor allem: Lass dich nicht verunsichern. Du bist die Schöpferin deines Lebens. Du bist immer diejenige, die über dich bestimmt. Das ist ganz, ganz wichtig. (Und wenn du bestimmst, dass es dir nur mit Hormonen gut geht – auch gut!). Diesen Satz musst du dir merken. Keiner kann so viel Macht über dich haben, dass er dich bestimmt und Dinge herbeiführen kann, die dir schaden. Wenn dir jemand etwas Gutes tun will und dir Gutes einreden möchte, dann nimm das bitte als Geschenk an.

Das ist ja auch wieder so ein frauentypisches Problem: Wenn uns Menschen Komplimente machen, dann können wir es oft schlecht annehmen. Weißt du, wir Frauen denken immer, wir müssten uns für alles Mögliche entschuldigen. Wenn dir jemand sagt »Du siehst toll aus« oder »Das hast du gut gemacht«, dann nimm es an und sage »Danke!« Und nicht »Ja, aber …« oder »Weil so und so …«. Nein! Wenn du toll bist, bist du toll, und wenn du etwas gut gemacht hast, bist du gut. Und wenn dich jemand liebt und dir sagt, dass du liebenswert bist, dann ist es so und dann musst du nicht Gründe finden, dass es vielleicht anders sein könnte. Positive Gespräche sind Geschenke, die dir das Leben schickt. Geschenke, die vom Universum kommen. Diese wunderbaren Menschen, die dir diese positiven Nachrichten übermitteln, das können auch manchmal ganz Fremde sein, das sind Boten des Universums, die dir helfen, die dir guttun, die dich tragen.

Ich könnte dir jetzt noch so viele Dinge über die Wechseljahre erzählen. Weil ich aber nicht fachspezifisch werden möchte (und auch keine Fachfrau bin), will ich nur eines sagen und behaupten: Wir Frauen haben auch das Recht auf eine Midlifecrisis! Das Recht auszuflippen, einen auf cool zu machen, ein schnittiges Auto zu fahren und nach jüngeren Männern zu schielen. Dafür gibt es einige bekannte Beispiele: Heidi Klum, Madonna, Vivienne Westwood oder Brigitte Macron. Lasst uns einfach von einer Lebenshälfte zur anderen wechseln! Ein neues Territorium, auf dem wir viel Ballast abwerfen können, erkunden, wo wir uns Luft machen können, wo wir uns erleichtern können, wo wir endlich Zeit für uns selbst und unsern Partner haben!

Wie auch immer diese spannende Phase für dich ablaufen mag, ich möchte dich ermuntern: Geh raus aus deiner Komfortzone, wage irgendetwas Neues und Verrücktes! Lass dich nicht kleinreden, lass dich nicht krankreden, lass dich nicht schlechtreden, komm aus dir raus. Mach was für dich, und wenn du nur spazieren gehst, Walken, Laufen, Fitness, Yoga, egal was. Mach dich schön. Mach deine Haare schön, geh zum Friseur, kauf dir schöne Klamotten, belohne dich für all das, was du die ganzen Jahre erschaffen hast. Du hast unheimlich viel geleistet. Und du hast noch so viele Jahre vor dir, denn du bist gerade mal in der Mitte deines Lebens.

In der Mitte, nicht am Ende! Auch nicht kurz vor Schluss! Du bist nicht alt. Du bist keine Oma. Du bist auch nicht auf dem Abstellgleis. Du bist eine Frau mit ganz viel Erfahrung und Weisheit.

Du bist eine Frau mit Selbstbewusstsein. Du bist eine Frau, die sich bewusst ist, dass das jetzt ein neuer Anfang ist. Du hast Charakter, Intelligenz, Erfahrung, Moral, Disziplin, Leidenschaft, Toleranz und so vieles andere mehr. Du bist einzigartig! BÄM!

Du bist TOLL!

Du hast so wie ich wunderschöne Momente in deinem Leben erlebt. Zwischendurch auch nicht so schöne, aber die kannst du hinter dir lassen, denn du hast jetzt die Seite gewechselt. Lass diesen negativen Ballast los! Du bist jetzt ein wunderschöner Schmetterling! Vertraue auf deine Zukunft! Du hast jetzt alle Freiheit, aus deiner Komfortzone herauszugehen. Strecke deine Arme nach oben und freue dich auf das, was da noch kommt. Dein Mann oder Partner wird es genießen, dass du plötzlich so frei bist. Nicht im Sinne: Ich mache jetzt, was ich will und haue ab. Nein, frei heißt auch freizügig zu sein, freie Gedanken zu haben, einmal etwas Neues auszuprobieren, um in deine Beziehung frischen Wind zu bringen. Alte Gewohnheiten ablegen, um das Leben neu zu schmecken und zu genießen. So meine ich das. Wir sind reif. Wir sind keine Kinder mehr. Wir wollen etwas erleben, und wir wollen etwas Neues. Und wenn du mal ehrlich bist, dann träumst auch du von diesen verrückten Dingen, versauten Sachen, oder weiß Gott wovon.

AUTOSUGGESTIONEN

- Ich bin frei von Wechseljahre-Symptomen.
- Ich bin frei von Hitzewallungen.
- Ich bin frei von Stimmungsschwankungen.
- Ich bin frei von Gewichtszunahme.
- Meine Libido ist völlig intakt.

- Ich liebe meinen Körper.
- Ich genieße das Leben!
- Ich möchte Neues wagen!
- Ich begrüße meine zweite Lebenshälfte!
- Ich fühle mich wunderbar!
- Jetzt starte ich so richtig durch!
- ______________________________
- ______________________________
- ______________________________
- ______________________________
- ______________________________
- ______________________________
- ______________________________
- ______________________________

KAPITEL 9

DIE EINZIGE BEGRENZUNG IM LEBEN BIST DU SELBST!

»Kerstin, du kannst nicht einfach sein und machen, wie und was du willst! Du musst Rücksicht nehmen!«

Nen Scheiß muss ich!

Das größte Geschenk, das du dir selbst machen kannst, ist die Selbstreflektion. Damit möchte ich dir sagen, dass du deine Selbstliebe ganz einfach für dich entwickeln kannst. Du solltest dich auf deinen Körper verlassen, denn dein Körper hat dir alle Sinne geschenkt, um dich zu spüren und zu reflektieren. Das ist entscheidend, denn die einzigen Grenzen im Leben setzt dir entweder dein Umfeld oder du dir selbst. Du entscheidest, wer dir die Grenzen aufzeigen wird! Du trägst so viel Liebe ist dir, dass deine Familie, deine Kinder, deine Freunde und egal wer noch, es nicht beeinflussen können, dein Ziel zu erreichen. Es kann gut sein, dass jemand aus deinem Umfeld versuchen wird, dir dein Vorhaben auszureden, weil du dich natürlich jetzt veränderst, nicht nur äußerlich, sondern auch innerlich.

Trotzdem entwickelst du langsam dein eigentliches Ich, das nicht mehr fremdbestimmt leben will. Alles, was in dir schlummert, kommt nun aus deinem Innersten heraus. Du bekommst eine ganz besondere

Strahlkraft mit einer ganz starken Energie. Du warst eine Raupe, die sich zum Schmetterling entfaltet hat. Also lass dich bitte, bitte nicht von deinem Weg abbringen. Du musst es dir selbst wert sein, dass du diese Challenge annimmst, durchziehst und durchhältst. Und diese Challenge bedeutet nicht, dass du jeden Tag dieses oder jenes oder das und das zu absolvieren hast. Es geht hier um true love … Um ehrliche Liebe zu dir selbst!

Du musst keine Diät machen. Du musst keine zehn Kilometer rennen. Du musst einfach nur anfangen, dich den Dingen zu stellen und deinen ganzen Ballast, deinen Panzer ablegen. Es geht nicht darum, die Familie oder den Partner zu verlassen. Es geht um den eigenen Respekt vor dir selbst! Verdammt nochmal, lass endlich deine Vergangenheit los! »Wer in seiner Vergangenheit lebt, ist wirklich alt.« Übrigens ein Zitat von Ireen Sheer, das ich heute in einer Zeitschrift gelesen habe. Die Sängerin feiert demnächst ihren 73. Geburtstag! Bääm! Das ist geil! Sie scheißt auf das Älterwerden.

Natürlich hast du deine Familie und deine Kinder und dein gesamtes Umfeld, das du nicht einfach wegwerfen darfst. Ich möchte dich hier nicht dazu animieren, dass du nach diesem Buch die Scheidung einreichst! Wobei, wenn es nötig wäre, dann stelle dich dieser Herausforderung. Worauf wartest du? Wann willst du dich endlich leicht und frei fühlen? Wann nimmst du dir diese Freiheit, du selbst zu sein? Wann bist du bereit, dein »Säckchen« hinter dir zu lassen? Gib diesen Müll wieder zurück an jene, die ihn für dich angehäuft haben! Dieser Ballast ist nicht auf deinem Mist gewachsen! Entschuldige bitte meine Formulierung: Es gibt da draußen so viele Menschen, die ihren Scheiß auf deinem Rücken absetzen, die dich schwer gemacht haben, die dir im wahrsten Sinne des Wortes das Leben schwer gemacht haben. Dieser Ballast muss weg. Und den kannst du einfach abschütteln, indem du dir immer wieder sagst: »Das ist nicht für mich bestimmt!« All den Müll, den du immer von jedem aufgenommen hast, ertragen hast und zu deinem gemacht hast, den kannst du mit diesem Satz und deiner vollen Überzeugung loswerden. Und ich stelle dir jetzt diese Frage: »Willst du diesen Müll, all diesen Ballast, endlich loswerden?« Dann sage ganz laut »JA! Ich will!« Schreie es hinaus!

Der zweite Schritt, nachdem du alles, was dich belastet, hinter dir gelassen hast, ist das Neue zu wagen. Es gibt ja immer zwei Formen der Veränderung: etwas bewusst nicht mehr zu machen und etwas bewusst erst recht zu machen – etwas aufhören und etwas anfangen. Genau das ist der Punkt, an dem viele nicht mehr weiterwissen. Man weiß häufig sehr gut, was man nicht will, aber was man eigentlich will, ist für viele erst mal schwierig zu definieren. Deshalb ist es jetzt wichtig, dass du gut in dich hineinhörst. Da schlummern bestimmt ein paar Dinge, die dir immer wieder in den Sinn kommen, die du aber bisher verdrängt hast. Und wenn dir so gar nichts einfällt: Probieren geht über studieren! Mach einfach, probiere dich aus!

Da geht es nicht rein um den Beruf oder einzig und allein um das Private. Ich meine, das Prinzip der Veränderung, der Freiheit, das kann man auf alle Bereiche in seinem Leben anwenden. Mach das, was dir Spaß macht. Lebe deine Träume. Wenn du noch einmal irgendetwas Neues anfangen willst, dann mach einfach! Wenn du singen willst, dann singe (mach Online-Tutorials, nimm Gesangsstunden, schließ dich einem Chor an, whatever ...). Wenn du tanzen willst, dann tanze! Wenn du eine neue Sportart ausprobieren willst, dann tu es, ob es Synchronschwimmen ist oder Wasserskifahren. Oder wenn du auch ein Buch schreiben willst, dann schreibst du ein Buch. Mach mit dir selbst, was du willst und was dein Körper von dir verlangt. Verlasse dich einfach auf dein Herz. Verlasse dich auf deine Seele und deinen Bauch! Alles ist in dir! Du musst es einfach nur abrufen! Dann bist du wirklich frei.

Und Freiheit heißt jetzt nicht, dass du gar nichts mehr für deine Familie tun sollst. Da bin ich ganz rigoros, denn deine Liebsten dürfen nicht schlechter dastehen als vorher. Aber! Freiheit heißt auch mal »Nein« zu sagen, und das ist ein ganz wichtiger Punkt für deine Zukunft! Bitte, bitte sag ab und zu einmal: »Nein, jetzt komme erst mal ich. Ich mache jetzt meinen Sport oder anderes und in einer Stunde bin ich wieder für euch da.« Egal, wer da fragt. Bitte vergiss das niemals! Es ist überlebenswichtig. Als ich gerade diese Gedanken in mein Diktafon diktiert habe, hörte ich von unten eine Stimme … »Mama!« Wer auch immer jetzt »Mama« gerufen hat, kann auch ein bisschen warten. Es war übrigens mein jüngerer Sohn Maximilian, der noch bei uns zu Hause lebt. Er wollte eigentlich nur wissen, ob ich da bin. Das ist ja wirklich süß von ihm, dennoch muss ich nicht gleich »Hier!« schreien.

Irgendwann sind die Kinder aus dem Haus. Du hast ihnen alle Zeit gegeben und alle wichtigen Werte vermittelt, dennoch leben sie plötzlich ihr eigenes Leben. Sie machen sich keine Gedanken darüber, ob es dir dadurch ein bisschen schlechter geht. Für sie ist es ein superwichtiger Schritt im Leben, sich von den Eltern abzulösen. Sie leben nun in Eigenregie und handeln selbstbestimmt. Und das solltest du zum Anlass nehmen, es auch wieder zu tun! By the way: Nichts ist schlimmer als eine Mutter, die ihre Kinder nicht loslassen kann, weil sie sonst nicht weiß, was sie mit ihrem Leben anfangen soll. Und die dann täglich fünfmal bei ihnen anruft und sich beschwert, dass sie sich nie melden. Lass los! Deine Kinder brauchen diese Freiheit – aber du auch!

Setz dich in einer ruhigen Minute mal mit einer schönen Tasse Tee auf die Couch, krame ein altes Fotoalbum raus, das dich zeigt, wie du vor den Kindern warst. Ich wette, du hast dich damals frei gefühlt und dein Ding gemacht! Tauche in dieses Gefühl von damals ein, wie das war, einfach in den Tag reinzuleben, genau das zu machen, was man selbst will, sei es beruflich oder privat.

Ich habe als junge Frau sehr selbstbestimmt gelebt, viele Jahre auch ohne Partner, und immer an mich geglaubt. Zwar hatte ich keine Ahnung und keine Erfahrung, aber ich lebte frei und ohne

Ballast. Ich studierte in Pforzheim Modedesign und war in größter schwingender Leichtigkeit! Nach vier Jahren Studium gab ich meine Diplomarbeit ab und machte mich sofort selbstständig. Mein damaliges Label »Kerstin Weinberger« bekam auf allen Modemessen viel Aufmerksamkeit. Bei der Münchner Modewoche wurde mir sogar eine Modenschau gesponsert, und ich wurde als Nachwuchsdesignerin ausgezeichnet. Bei der IGEDO in Düsseldorf war immer die Presse in meinem Showroom, und die Konkurrenz mischte sich heimlich unter die Kunden. Meistens waren es Männer!

Durch dieses Selbstvertrauen und meine jugendliche Energie habe ich damals alles erreicht, was ich mir vorstellte. Doch irgendwann in meinem Leben ging diese Leichtigkeit verloren. Wie sehr ich mich selbst begrenzt habe, bemerkte ich dann erst 2014, als Jürgen sich von mir trennen wollte. Dieser Schock hat bei mir in Gang gesetzt, dass ich wieder darüber nachgedacht habe, wer und wie ich überhaupt sein will.

Na ja, die Leichtigkeit verliert man eben in diesem Hamsterrad, das man sich über viele Jahre hinweg aufbaut. Man will in allem perfekt sein, weil man ja oft genug von außen suggeriert bekommt, dass man als Managerin der Familie eigentlich keinen Beruf ausübt (und nicht so viel leistet …). Leichtigkeit erlangt man nur wieder zurück, indem man sein Mindset auf den Kopf stellt. Also alles, was andere meinen, denken oder negativ aussprechen, an sich abprallen lassen und zurück zum Absender schicken.

Ebenso hilfreich sind tägliche positive Affirmationen! Sprich sie ganz laut! Mit größter Energie und Leidenschaft! Sie müssen nicht geflüstert werden, denn sie sind wichtig. Sie haben die größte Berechtigung, von jedermann gehört zu werden!

Mein Lieblingssatz ist: »Ich lebe in Heiterkeit, Freude und Herrlichkeit!« Jemand, der mit Autosuggestionen nicht vertraut ist, mag das zunächst abtun. Aber denk mal drüber nach: Natürlich leben die allermeisten von uns in Heiterkeit, Freude und Herrlichkeit. Und damit wir das selbst wieder mehr spüren und genießen können, sollten wir es uns täglich sagen.

Für mich gibt es gar nichts Besseres mehr, als durch Affirmationen positive Energie aufzunehmen und auch ins Universum senden. Man kommt gar nicht mehr auf die Idee, negativ zu denken oder an irgendwas zu zweifeln. Und das Beste daran ist: Es kostet nichts und ist jederzeit verfügbar. Ob beim Autofahren, beim Sport, beim Wäschewaschen oder wann und wo auch immer. Man muss es nur TUN!

Für mich war es zentral, parallel zu den Autosuggestionen abzunehmen, damit ich diese Lebensfreude zurückgewinne. Wenn ich äußerlich leichter bin, fühle ich mich auch innerlich leichter. Das muss jetzt nicht für dich gelten, aber mir hat das Abnehmen nicht nur geholfen, wieder schlanker und jünger auszusehen. Vielleicht liegt es auch daran, dass ich mir nichts verboten habe, dass ich nicht mühsam beim Essen Kalorien gezählt habe. Sondern ich habe Sport gemacht, bin gelaufen. Das beschwingt einen ja sowieso, schüttet Glückshormone aus, bringt einen buchstäblich in Bewegung – und macht fit und gesund.

Dazu fällt mir eine Geschichte ein: Ein Mitarbeiter bei uns in der Firma hatte toll abgenommen. Ich machte ihm ein Kompliment und fügte hinzu: »Pass auf mein Lieber, wenn du abnimmst, dann bist du nicht nur körperlich und physisch leichter, sondern alles in deinem Leben wird leichter.«

Und siehe da, auch er hatte dieses Erlebnis. Erst kürzlich schickte er mir mit voller Dankbarkeit diesen Satz: »Wenn du leichter wirst, wird alles leichter!« Ich bekam wirklich Gänsehaut, denn ich hatte mich schon gar nicht mehr daran erinnert.

Aber genau das ist es, wovon ich spreche! Es gibt ungeschriebene Gesetze, die unser Leben bestimmen. Eines davon ist das Gesetz der Resonanz. Ich bin weiter oben schon einmal darauf eingegangen, aber es ist mir sehr wichtig, deshalb wiederhole ich es noch einmal:

Das Innen bestimmt das Außen und umgekehrt. Alles, was ich denke und tue, ob positiv oder negativ, kommt immer wieder als Resonanz auf das Geschehene zurück.

Ich glaube fest an diese Schwingungen. Und je mehr du auf dein Herz und dein Bauchgefühl hörst, desto höher wirst du schwingen. Wenn du positiv denkst, ist alles leichter. Verinnerliche bitte diesen Satz. Das ist wirklich wichtig. Und irgendwann wirst du auch mir bestätigen, dass dieser Satz der wichtigste Satz in deinem Leben sein kann.

Weißt du, die Männer machen sich meistens alles leicht. Männer werden älter, Männer bekommen dicke Bäuche, Männer fallen die Haare aus, Männer ziehen sich merkwürdig an. Jetzt muss ich gerade an das Lied von Herbert Grönemeyer denken … Na ja, Männer denken nicht negativ über sich selbst nach. Männer finden sich und ihr Sein selbstverständlich. Natürlich nicht alle, aber die Masse – du merkst, ich provoziere ein bisschen, das mache ich gerne.

Männer können schon echt merkwürdig sein. Was geht in den Köpfen mancher vor, die dreiviertellange Hosen anhaben, Socken zu Sandalen, merkwürdige Badeshorts oder Rucksäcke tragen? Die Typen denken gar nicht darüber nach, was richtig oder falsch ist. Lasst uns von ihnen lernen! Die sind so selbstbewusst. Die strotzen vor Selbstliebe und kommen gar nicht auf die Idee, dass irgendetwas verkehrt wäre. Ich liebe meinen Mann, denn er ist nicht einer von denen, die ich gerade beschrieben habe. Ganz ehrlich? Dann wären wir auch nicht seit über dreißig Jahren ein Paar. Du siehst also: Wir können viel von den Männern lernen …

Aber zurück zum Thema: Damit die Autosuggestionen wirklich wirken, musst du sie ganz oft wiederholen. Die meisten Dinge im Leben lernt man nur durch Wiederholung. Und wenn du bis jetzt eher negative Glaubenssätze über dich selbst abgespeichert hast, dann wirst du dir auch nicht an einem einzigen Tagen einreden können, wie toll du bist. Nutze die Macht der Wiederholung!

Denn um etwas wirklich zu verinnerlichen, müssen wir es immer wieder lesen, hören oder tun. Von einer einmaligen Anleitung können wir noch lange nicht von uns sagen, dass wir es auch wirklich können. Stell dir vor, du besuchst das Konzert eines großartigen Pianisten. Ja, sicher, er hat bestimmt musikalisches Talent. Aber Konzerthallen füllst du nur dann, wenn du täglich stundenlang übst.

Das ist auch so ein Grundsatz, den mein Mann in seinen Seminaren an seine Teilnehmer weitergibt. Es geht im Leben immer um die stetige Wiederholung, sonst erreichen wir unsere Ziele nicht, sonst werden wir immer auf der Stelle treten, egal, was wir anpacken. Und deshalb darf das in diesem Buch nicht fehlen, dass ich dich so oft daran erinnere.

Jetzt bist du dran: Reflexion über dein Leben

Wer oder was beeinflusst dich gerade negativ?

____

____

Bist du gerade zufrieden mit deinem Leben?

☐ Ja ☐ Nein ☐ Teilweise

Warum ist das so?

____

Bist du in einer positiven Schwingung?

☐ Ja ☐ Nein

Glaubst du an dich und deine Ziele?

☐ Ja ☐ Nein

Hast du überhaupt noch Ziele?

☐ Ja ☐ Nein

Stimmen deine Ziele mit denen deines Partners überein?

☐ Ja ☐ Nein

Bist du dir deiner Selbstliebe bewusst?

☐ Ja ☐ Nein

Trägst du Leichtigkeit in dir?

☐ Ja ☐ Nein

Was wäre dein größter Wunsch?

____

____

Was für ein Geschenk würdest du dir selbst machen?

____

____

AUTOSUGGESTIONEN

- Ich lebe in Heiterkeit, Freude und Leichtigkeit!
- Ich bin wichtig!
- Ich liebe mich!
- Ich bin es wert, geliebt zu werden!
- Ich denke positiv!
- Alles Positive kommt zu mir!
- Ich bin frech, frei und wild!
- Ich bestimme darüber, wie ich denke!
- ______________________________
- ______________________________
- ______________________________
- ______________________________
- ______________________________
- ______________________________
- ______________________________
- ______________________________

KAPITEL 10

WAS ANDERE VON DIR DENKEN, GEHT DICH GAR NICHTS AN

»Kerstin, du musst auch Rücksicht auf andere nehmen, du kannst nicht einfach tun und lassen, was du willst.«

Nen Scheiß muss ich!

Du bist jetzt an einem Punkt in deiner Verwandlung angelangt, wo du immer mehr das lebst, was du dir wünschst. Das nennt man Freiheit oder auch Selbstbestimmung – und es gehört zum Schönsten, was das Leben überhaupt zu bieten hat! Über Selbstbestimmtheit zu sprechen, ist nicht immer ganz einfach, weil Selbstbestimmung in vielen Kreisen immer gleich als egoistisch hingestellt wird. Aber sie hat eigentlich nichts mit Egoismus zu tun. Selbstbestimmung soll auch nicht auf Kosten anderer gehen. Im Gegenteil: Sie führt zum Wohle aller, denn wenn du deinem inneren Kompass folgst, deinen eigenen Weg gehst, bist du viel glücklicher und erfüllter und hast dadurch wiederum viel mehr zu geben.

Ich habe an einem gewissen Punkt entschieden, mich so zu entwickeln, weil ich mir selbst nicht mehr gefallen habe und mit mir nicht mehr im Reinen war. Und das kann ja nicht sein, dass du dich selbst nicht mehr liebst, weil andere dich bestimmen, weil diese dir keinen Raum, keinen Platz, keine Luft mehr zum Atmen lassen, so dass deine Gedanken sich nicht mehr entfalten können, du unfrei bist. Wenn das der Fall ist und wir fremdbestimmt sind, leiden wir und können somit auch nicht mehr sorgsam mit unseren Liebsten umgehen.

Nur wenn wir uns selbst lieben in alldem, wie wir entscheiden und bestimmen, dann können wir auch Liebe weitergeben. Selbstbestimmt leben ist genau das Gegenteil von egoistisch sein. Selbstbestimmt heißt auch nicht, dass ich mich jetzt zur Emanze entwickle und alles, was uns die Männerwelt versüßt, schlecht wäre. Selbstbestimmt heißt einfach nur, ehrlich und korrekt zu sein. Ich möchte an dieser Stelle auch noch einmal klarstellen, dass es hier in diesem Buch nicht über Emanzipationsfragen geht. Frauen haben sich in dieser Welt bisher sehr selbstbewusst nach vorne orientiert. Dennoch muss ich leider sagen, dass wir immer noch nicht gleichberechtigt anerkannt sind. Und ja, wir Frauen bedürfen oft der Hilfe anderer und vor allen Dingen unserer Männer. Wir lehnen uns auch gerne an die starke Schulter, weil wir ja das schwache Geschlecht sind! Hahaha …

Nen Scheiß muss ich!

Das ist doch alles Quatsch. Wir befinden uns im 21. Jahrhundert. Es kann doch nicht sein, dass wir uns von der Männerwelt sagen lassen bzw. uns vorschreiben lassen, was wir zu tun haben. Und natürlich auch nicht von der Frauenwelt, von der Gesellschaft, von wem auch immer. Nur du allein entscheidest, welcher Weg für dich der richtige ist.

Deshalb sollte es oberste Priorität sein, dass du niemals vergisst, wer du bist und dass du zumindest versuchen solltest, deine Träume zu leben. Wichtig ist, dass du ein für dich respektvolles Leben führen kannst. Selbstbestimmtheit heißt allerdings auch, selbst verantwortlich zu sein. Selbstverantwortung kann auch eine große Last sein, deshalb ist es immer wichtig, dass du positiv denkst und an dich glaubst. Lass dir von niemandem einreden, dass irgendetwas nicht geht oder nicht funktioniert oder nicht machbar wäre. Als ich nach meinem Modedesign-Studium nach Franken zurückkehrte und dort mein Atelier eröffnete, hatte ich mich in einen Mann verliebt. Ich zog relativ schnell zu ihm, und wir hatten anfangs eine sehr harmonische Beziehung. Leider kam er nach ein paar Monaten nicht damit klar, dass ich selbstständig war und mit großem Enthusiasmus mein Ziel verfolgte. Ich arbeitete oft Tag und Nacht. Dabei vergaß ich immer wieder, Lebensmittel einzukaufen oder die Wohnung aufzuräumen. Er fühlte sich komplett vernachlässigt und machte mir das Leben schwer. Meine Leichtigkeit konnte ihn nicht mit nach oben ziehen. Am Ende warf er mir vor, dass ich nicht mal in der Lage sei, Toilettenpapier zu besorgen.

Nen Scheiß muss ich!
Besorg dir doch dein Toilettenpapier selbst!

Gottseidank sagte mir mein Herz: Geh deinen »leichten Weg«. Schnell entschlossen, wie ich damals war, trennte ich mich und suchte mir sofort eine neue Wohnung. Endlich war ich wieder frei und konnte mein selbstbestimmtes Leben führen. Unter der Woche arbeitete ich kreativ als Modedesignerin und am Wochenende war ich dann mit viel Spaß und Freude als Jazz- und Swing-Sängerin unterwegs. Dann lernte ich irgendwann Jürgen kennen, und mit Sicherheit war meine selbstbewusste Art mit ein Grund, warum er sich in mich verliebte. Ein Mauerblümchen wäre untergegangen neben ihm!

Schauplatz war das »Fit & Fun«, ein damals angesagtes Fitnessstudio in Schweinfurt. Nach ein paar Jahren Fitnesspause hatte ich bemerkt, dass es auch wichtig für meine Gesundheit ist, wieder mit dem Training anzufangen. Zuallererst legte ich den Fokus auf Aerobic und andere schnellere Kurse, weil ich gerne tanze. Es war Jürgens

Fitnessstudio, wo er auch regelmäßig selbst Kurse abhielt. Meistens kam ich zu spät! Was sich übrigens wie ein roter Faden durch mein Leben zieht … Ich kam also immer ziemlich abgehetzt, aber immer supersüß gestylt in meinen bunten Aerobic-Anzügen, wie sie damals Mode waren, zum Kurs. Jürgen hatte von vornherein die Parole ausgegeben, wer zu spät komme, müsse erst mal zwanzig Liegestützen machen. Selbstbewusst wie ich bin, lehnte ich dies sofort ab! »Ich zahle doch keinen Beitrag und lasse mich dann auch noch zu zwanzig Straf-Liegestützen erniedrigen!«

Das wiederholte sich dann immer wieder, bis er es irgendwann sein ließ. Aber natürlich war ich ihm dadurch aufgefallen, er fand es anscheinend gut, dass ich ein bisschen widerspenstig war. So entwickelte sich langsam eine gewisse beiderseitige Sympathie.

Es dauerte noch einige Monate, bis wir uns ineinander verliebten. Jürgen musste irgendwann wegen schlimmer Rückenschmerzen für drei Wochen im Krankenhaus bleiben und durfte die ganze Zeit nur liegen. Eine damalige Freundin wollte ihn besuchen und fragte mich, ob ich sie ins Krankenhaus begleiten würde. Da lag er plötzlich, der ach so starke Jürgen, und war ganz sanft und lieb. Und dann hat es Zoom gemacht!

Wir waren ein außergewöhnliches Paar. Der Fitnessstudio-Besitzer und die Modedesignerin. Erst wohnten wir in meiner Wohnung, und später kaufte Jürgen uns ein Haus. Er war mittlerweile sehr erfolgreich mit seiner Unternehmensberatung, und schließlich heirateten wir, nach fünf Jahren wilder Ehe. Das Leben meinte es gut mit uns … wir waren in einer wunderbaren Schwingung!

Wie so viele Paare haben wir diese Schwingung im Alltag im Laufe der Jahre verloren. Wir haben uns beide sehnlichst Kinder gewünscht und wurden mit unseren beiden Jungs reichlich beschenkt. Leider achteten wir in dieser Phase viel zu wenig auf uns, schauten nicht darauf, dass wir selbstbestimmt leben und dass wir selbstbestimmt auch noch ein Paar sind.

Natürlich ist ein Leben mit kleinen Kindern zum großen Teil fremdbestimmt. Kinder brauchen uns, rund um die Uhr – und einer muss ja auch das Geld verdienen. Umso wichtiger ist es, dass wir auch mal Zeit für uns selbst haben bzw. sie uns bewusst nehmen.

Ich habe damals gedacht, ich muss eine Übermutter sein, weil ich meine Kinder abgöttisch liebe. Kinder zu wollen und eine Familie zu gründen, das ist eine wunderbare Sache, aber ich sage es jetzt einmal ganz deutlich: Kinder sind nicht immer nur eine Bereicherung! Kinder können auch eine riesengroße Belastung für jede Beziehung sein.

Ich kann mich noch gut erinnern, als ich nach der Entbindung aus dem Krankenhaus nach Hause kam. Zuvor war alles Friede-Freude-Eierkuchen gewesen, aber plötzlich war das Leben nicht mehr so einfach. Ich liebe meine Jungs ohne Ende. Ich würde sie niemals missen wollen, und ich hoffe, du verstehst mich nicht falsch, aber plötzlich hat die Uhr anders getickt. Die Uhr hat jetzt nicht mehr für mich getickt, sondern für alle anderen. Ich war immer außen vor. Und das jahrelang! Natürlich kann jeder sagen: Du hast doch ein schönes Leben gehabt, du bist doch viel verreist, du hast doch Geld gehabt, du hast doch schöne Kleider getragen … Ja, und? Was bringt dir das? Ich habe leider mein Geld nicht benutzt, um mir etwas Freiheit zu erkaufen – nämlich einen Babysitter anzustellen, der auf meine Kinder aufpasst. Ich habe zu Hause gegluckt. Und während ich zu Hause gegluckt habe, war mein Mann unterwegs bei seinen Seminaren. Und wir verbrachten immer weniger Zeit miteinander. Wenn Jürgen nach Hause kam, wollte ich natürlich bei ihm den ganzen Ballast der Woche loswerden.

Es kam immer häufiger zu Meinungsverschiedenheiten. Wir stellten erst recht spät in unserer Krise fest, dass die meisten Streitigkeiten vom Elterndasein herrührten. Wir stritten uns über Erziehungsmethoden und waren uns selten einig. Ich weiß also aus eigener Erfahrung, dass Kinder weiß Gott nicht immer der Garant fürs Glücklichsein sind. Ein Kind darf und sollte nicht als Krönung einer Beziehung herhalten. Wenn Menschen zu zweit nicht klarkommen, dann können sie es zu dritt erst recht nicht. Am Ende, wenn dann alles zerbröselt und zerbricht, sind die Kinder die unglücklichsten Menschen, die es überhaupt gibt.

Deshalb ist es so wichtig, dass du ein selbstbestimmtes Leben führst, in dem du – auch wenn es schwierig ist – deine ganz eigenen Ziele und Träume entwickelst und dir diese auch erfüllst. Und zwar hier und jetzt! Verschiebe es nicht immer auf später! Dein Leben findet jetzt statt!

All das habe ich durch meine Lebenskrisen gelernt, denn auch ich habe viel zu lange meine eigenen Bedürfnisse auf später verschoben. Und das hat man mir auch angesehen. Vor den Kindern war ich Designerin und bekannt für meinen ausgefallenen Kleidungsstil. Ich mochte es immer schon gern bunt, anders. Früher kam ich immer wie ein aufregender Schmetterling zu irgendwelchen Schulversammlungen oder brachte meine Söhne schon am frühen Morgen mit coolen modischen Klamotten in den Kindergarten. Aber nach und nach gewöhnte ich mir das ab, denn es passte nicht in dieses normale Bild. Das ist wie eine Spirale, die einen immer weiter hineinzieht. Man merkt das erst gar nicht. Du fragst dich, für wen soll ich mich eigentlich hübsch machen? Dein Mann ist eh nicht zu Hause und wenn er heimkommt, schaut er dich auch nicht wirklich an. Ich gewöhnte mir also ab, mich schick zu machen, mit der Mode zu gehen. Ich hatte nicht mehr den Mut, mich selbstbestimmt zu kleiden. Dabei war das einmal mein Beruf gewesen, es hatte mich ausgemacht. Aber irgendwann lief ich rum wie alle anderen: eine Jeans, ein Shirt und irgendeine blöde Jacke. Standardklamotten für Muttis eben.

Im Nachhinein bestätigte mir Jürgen diese Entwicklung auch – es war nicht nur für mich selbst wichtig, wie ich mich kleidete, sondern auch für ihn. Schließlich hatte ihn das einmal angezogen, dass ich ein modischer, bunter Schmetterling gewesen war. Gemeinsam beschlossen wir, dass wir uns niemals mehr so gehen lassen würden. In unserer Krise fing ich also nicht nur an, abzunehmen, Sport zu treiben und mein Mindset zu verändern. Ich fing auch wieder an, mich ausgeflippt anzuziehen.

Auch hier spiegelte das Außen mein Inneres – und umgekehrt. Auf einmal fühlte ich mich wieder mehr wie die alte (also die junge!) Kerstin. Mode ist für mich wieder selbstverständlicher geworden. Obwohl: Manchmal muss ich mich trotzdem überwinden, wenn ich mich richtig auffällig anziehe – denn bei uns zu Hause steche ich schon sehr hervor. Es ist jedes Mal wieder eine Prüfung. Bin ich in München, Hamburg, Berlin oder in sonst einer Großstadt, passe ich sehr gut ins Bild. Nur hier in meinem Umfeld bekomme ich hin und wieder Zweifel. Selbstkritisch zu sein ist auch wunderbar, aber ich glaube, es lebt sich leichter, wenn man nicht ständig darüber nachdenkt, wer man ist, wie man aussieht, was andere über einen denken. Das ist genau der Satz, den ich dir gerne mitgeben möchte. Schreibe ihn dir ganz groß irgendwo hin, damit du es jeden Tag lesen kannst:

Was andere über mich denken, geht mich gar nichts an!
Nen Scheiß muss ich!
What the fuck!
Ich bin glücklich mit mir selbst!

Du kannst es meinetwegen gerne oberflächlich finden, aber bei mir war es definitiv die Beschäftigung mit Mode und mein neuer Style, was die größte Veränderung brachte. Denn das war eben schon früher das, was mich am meisten interessiert hat, wo ich leicht und lebendig geworden bin. Das kann allerdings bei jeder Frau etwas anderes sein. Die eine möchte wieder anfangen zu malen, die nächste möchte noch mal in einem neuen Job durchstarten oder sich weiterbilden, eine andere möchte weniger arbeiten und mehr reisen oder sich karitativ engagieren. Nur du allein weißt, wie du die Leichtigkeit in den Leben holen kannst! Wie du selbstbestimmt weitermachst und den Ballast der Erwartungen abwirfst!

Wichtig ist nur, dass du auf dich selbst hörst und die ganze Bedenkenträgerei der anderen nicht an dich heranlässt. Nur du selbst entscheidest, was die anderen meinen oder zu wissen glauben, kann dir gestohlen bleiben!

Jetzt bist du dran: Was ist dein Ideal?

Erinnere dich an einen Zeitraum in deinem Leben, in dem alles ganz leicht war. Was hat dich damals gepusht?

____

____

Welche Interessen hattest du?

____

____

Beschreibe dich, wie du dich siehst, und überlege, wie andere dich sehen.

____

____

Hast du heute andere Interessen oder Ziele, für die du brennst? Welche sind das?

____

____

Was würdest du heute ändern, damit du ein selbstbestimmteres Leben führen kannst?

____

____

Worin würdest du dich gerne noch einmal verwirklichen?

____

____

Was hält dich davon ab?

____

____

AUTOSUGGESTIONEN

- Ich bin gut!
- Ich bin eine gute Mutter, auch wenn ich mir meine Auszeiten nehme.
- Ich bin eine gute Ehefrau, auch wenn ich mich selbst verwirkliche.
- Ich lebe selbstbestimmt, ohne anderen zu schaden.
- Ich liebe mich!
- Ich liebe mein Leben!
- Ich bestimme die Richtung meines Lebens.
- ______________________________
- ______________________________
- ______________________________
- ______________________________
- ______________________________
- ______________________________

KAPITEL 11

LIEBE DICH SELBST UND KOMM IN BEWEGUNG!

»Kerstin, in deinem Alter ist man nicht mehr so belastbar. Darum musst du jetzt etwas langsamer machen.«

Nen Scheiß muss ich!

»Kerstin, deine körperliche und geistige Leistungsfähigkeit schwindet im Alter. Wenn du älter wirst, dann ist dein Aussehen eben nicht mehr so wie früher.«

What the fuck!

Ich habe bereits geschrieben, dass ich für meine Veränderung, meine Metamorphose einiges tun musste, denn sich schön sprechen, sich leicht sprechen, sich schlank und rank und straff sprechen geht natürlich nicht. Wichtig ist, dass du jetzt auch dein Verhalten insgesamt veränderst. Denn wenn du das tust, folgt der Rest von ganz allein.

Der Körper folgt dem Geist. Das heißt jetzt nicht, dass du Extremsport machen musst, sondern du musst damit beginnen, dich zu bewegen, egal wie oft und wie lange – Hauptsache konsequent. Aber diesen widerlichen Satz, dass die körperliche und geistige Leistungsfähigkeit oder deine Fitness im Alter schwinden, finde ich ehrlich gesagt zum Kotzen. Das ist doch wirklich Volksverblödung. Ich hoffe, du glaubst das nicht, weil es nicht für dich bestimmt ist. Ich finde, es ist impertinent, so etwas pauschal auszudrücken. Für mich ist das ein riesengroßer Quatsch und eine große Lüge. Natürlich verändern wir uns mit dem Alter, dennoch ist es möglich, leistungsfähig zu bleiben oder sogar leistungsfähiger zu werden.

Es geht dich nichts an, was andere über dein Alter und dein Aussehen denken.

Nen Scheiß musst du!

Damit du dich wirklich fit hältst, solltest du dir einen genauen Plan erstellen und dir Freiräume schaffen, wann und wie und wo du Sport machen möchtest. Wenn du bisher noch nie gejoggt bist, dann kannst du langsam anfangen. Du musst nicht gleich Marathonläufe zurücklegen, sondern erst einmal damit anfangen, 15–20 Minuten zu walken oder zu joggen, je nachdem, was du dir zutraust. Dein Körper wird dir sagen, was gut oder schlecht für dich ist. Hör in dich hinein. Auch wenn du das noch nie gemacht hast, wirst du nach ein paar Minuten merken, was möglich ist. Dir geht wahrscheinlich früher die Puste aus, als du geglaubt hast. Das ist nicht schlimm! Wenn es passiert, dann machst du einfach etwas langsamer, atmest tief durch, stellst dir wieder dieses wunderbare Bild vor, wie du aussehen wirst, nach all der Zeit, die du für dich investiert hast, um dich zu der Frau zu entwickeln, die du gerne sein möchtest. Von der Raupe zum wunderschönen Schmetterling. Aus Liebe zu dir! Also höre auf dich und nicht auf die anderen.

Du solltest dich auf jeden Fall vielfältig bewegen, das heißt, du solltest nicht nur joggen und laufen, sondern auch Muskeltraining machen. Das kannst du am besten im Fitnessstudio. Da gibt es Rundkurse, du hast einen Trainer vor Ort, der dich auf den Geräten einweist, oder du nimmst dir einen Personal-Trainer, der dir genau zeigt, was du zu tun hast.

Muskeltraining ist ganz, ganz wichtig für die Körperstraffung. Denn wenn du nur läufst oder joggst, bleibt deine Haut schlaff. Beim Laufen verbrennst du natürlich Kalorien und nimmst dadurch leichter ab, aber dazu ist ein gezieltes Muskeltraining enorm wichtig, denn durch den Muskelaufbau erhöhst du deinen Grundumsatz, verbrennst somit noch mehr Fett und straffst gleichzeitig deinen gesamten Körper. Die Kombination aus Ausdauersport und Muskeltraining ist Gold wert.

Wichtig ist natürlich auch, dass du es regelmäßig machst, also mindestens zwei- bis dreimal die Woche Sport. Ich hatte damals so einen Ehrgeiz, dass ich fast jeden Tag etwas gemacht habe – was ich bis heute beibehalten habe. Dabei wechsle ich ab: einen Tag Fitness, einen Tag Laufen, einen Tag Yoga, einen Tag Stretching … Wenn ich Fitness mache, trainiere ich auch nicht den ganzen Körper auf einmal. Ich mache es zum Beispiel so, dass ich nur den Oberkörper trainiere für zwanzig Minuten oder eine halbe Stunde und dann am nächsten Tag nur den unteren Bereich. Ehrlich gesagt, hasse ich Bauchtraining. Ich würde also nie einen Tag nur Bauchtraining machen. Wenn es dir genauso geht, kann ich dir einen super Tipp geben. Wenn du im Fitnessstudio bist oder zu Hause einfach zwischendurch hinlegen und Bauchübungen machen, solange du kannst und danach ans nächste Gerät, um deine weiteren Übungen zu machen. Dann wieder auf den Boden für die Bauchübungen! Dann passiert es fast von allein, ohne dass du es merkst, ohne dass du dich gedanklich mit dem Bauchtraining intensiver beschäftigen musst. Und wenn jetzt ein Klugschwätzer von Trainer dir etwas anderes erzählen will, dann sagst du einfach: »Nen Scheiß muss ich!«

Was außerdem ganz wichtig ist, ist, dass du eine gewisse Freude am Sport entwickelst. Finde eine Sportart, die dir Spaß macht. Suche dir Freundinnen, die mit dir zusammen trainieren (oder lieber nicht … hahaha …). Beobachte deine Fortschritte, dann kommt die Motivation von ganz allein. Und suggeriere dir das auch jeden Tag: »Ich bin sportlich. Ich habe Freude am Sport.« Du brauchst diese Selbstmotivation. Motivation kannst nur du dir selbst geben, nicht irgendjemand anders. Also verlasse dich nicht darauf, dass dir jemand in den Arsch tritt. Es wird auch so sein, dass es am Anfang nicht gleich jeder bemerkt, wenn du abgenommen hast und besser aussiehst. Es ist ein langwieriger Prozess, aber irgendwann fällt es deinem Umfeld auf, und dann wird es dich beflügeln. Und wenn es dich beflügelt, wird es immer leichter – du wirst so leicht wie ein Schmetterling. What a wonderful attitude. Dein Aussehen sollte dir unheimlich wichtig sein.

Und es geht nicht nur um Fitness und Sport. Wenn dir dein Aussehen wichtig ist, musst du dich besonders pflegen und verwöhnen. Dich selbst gut behandeln und dich selbst lieben. Es ist wichtig, dass du achtsam mit dir umgehst, dass du dich wirklich schön machst, dass du dich herausputzt, um dir selbst zu gefallen. Dass du großzügig mit dir umgehst, dir öfter einen Friseurbesuch gönnst, auch mal zur Kosmetik gehst oder dir neue Klamotten kaufst. Vielleicht hast du jemanden, der dich beraten und dir Tipps geben kann. Ansonsten hilft es, viele Zeitschriften durchzugehen und zu schauen, was dich anspricht und zu dir passen könnte. Oder aber du nutzt das Internet für dich: Bestell dir über Online-Shops Kleidung nach Hause und probiere sie in Ruhe vorm Spiegel an. Bummel auch mal wieder durch die Stadt und geh in Läden, in denen du noch nie warst. Wenn du einen Lieblingsladen hast, eine Boutique, die genau deins ist, dann wirst du vermutlich dort ehrlich und gut beraten. Bei mir ist das Emerson Renaldi in Nürnberg. Dort gibt es ganz tolle modische Kleidung, Schuhe, Accessoires und ein wirklich gut geschultes Personal. Einkaufen ist ein richtiges Erlebnis! Wenn ich dort ankomme, werde ich erst mal mit Wasser, Champagner, Kaffee usw. verwöhnt. Dann kann ich mich fallenlassen und mir schöne Sachen zeigen lassen, aber am Ende selbst entscheiden, was mir wirklich gefällt. Habe Mut! Jetzt darfst du experimentieren. Denke nicht darüber nach, was die anderen von dir denken könnten. Du bist jetzt eine Superwoman!

Wenn du ein schönes Bild von dir hast, dann häng es dir an die Wand. Nimm kein unerreichbares Vorbild wie Heidi Klum oder so – das bist du nicht. Vergleiche dich nie mit anderen! Nimm ein Bild von dir selbst, von früher, das dir gut gefällt, das dich so zeigt, wie du gerne sein möchtest und schau es dir jeden Tag an. Und wenn du nun die Entscheidung verinnerlicht hast, die Metamorphose zu durchleben, dann wirst du dort auch ankommen. Wie ich schon erwähnt habe, steht am Anfang immer die Entscheidung. Damit einher gehen die Autosuggestionen. Die bedingungslose Ehrlichkeit und Liebe zu dir selbst!

Diese Energie, diesen Push musst du dir jeden Tag geben, mehrmals am Tag. Du musst dich aufpushen! Wenn du irgendwo an einem Fenster vorbeiläufst, wenn du in einen Spiegel schaust, musst du sagen: »Ja! Bäm! Ich bin jung! Ich bin sexy! Ich bin schlank und straff und schön! Ich habe Selbstvertrauen! Ich lebe selbstbestimmt!« Der wichtigste Satz ist: »Ich liebe mich!« Hast du verstanden? Dieser Satz ist so entscheidend. »Ich liebe mich!« Es wird immer jemanden geben, der ein bisschen jünger ist, der ein bisschen schlanker ist, ein bisschen blonder, fitter, hübscher ist, ein bisschen erfolgreicher ist als du. Aber du bist einzigartig! Du bist du! Keine ist so wie du!

Love yourself!

Was ist das, diese Selbstliebe? Die einen sagen, es sei extrem narzisstisch, total eingebildet. Nur mit sich selbst beschäftigt sein, das sei einfach nur selbstverliebt und egoistisch. Das ist alles Quatsch. Natürlich gibt es solche Menschen, aber wahre Selbstliebe ist etwas ganz anderes. Ich möchte einfach, dass du dich im ersten Schritt annimmst, wie du bist, dich ganz ehrlich und kritisch selbst bewertest, und dann anfängst, dich in einem ganz weichen, flauschigen, wunderbaren, angstfreien Raum zu entfalten, der dir die Möglichkeit bietet, die zu sein, die du sein möchtest. Das passiert nur mit ganz viel Selbstliebe und Selbstachtung. Die Selbstliebe ist jetzt da und wird immer, immer größer, indem du den Auftrag, den du dir selbst gestellt hast, nämlich die Metamorphose, durchziehst. Es ist innerhalb von Minuten zu spüren, dass dein Inneres »Ja« zu dir sagt. »Ja ich will!« Und lass dir bitte von niemandem einreden, dass das alles Quatsch sei.

Lass niemanden bestimmen, dass es dir nichts bringen würde. Lass dir deine Ziele von niemandem ausreden. Denn jetzt kommen wieder alle diese tollen, netten Schulterklatscher, die zu dir sagen: »Bleib so, wie du bist!«

Nen Scheiß muss ich!

Diese dämlichen Geburtstagssprüche, um Gottes Willen, nein! Lass dir von niemandem dein Vorhaben ausreden. Es ist verdammt wichtig, dass du jetzt dein Ding durchziehst. Sprich am Anfang noch nicht mit anderen Leuten darüber, sondern nur mit dir. Das ist meine Empfehlung. Führe ganz viele Selbstgespräche. Jetzt wirst du wieder schmunzeln und denken: »Ja, die hat doch ein Rad ab. Die spinnt doch.« Nein, das habe ich nicht, ich spreche nur aus Erfahrung. Du bist dein bester Partner und Ratgeber. Wenn du dich auf dich selbst einlässt – und wir Frauen können das sehr gut, wir Frauen sind intuitiv und hören auf unser Bauchgefühl –, dann achtest du ganz besonders auf dich und deinen Körper. Er wird dir immer die richtige Antwort geben.

Glaub mir, wenn du ganz bei dir bist, wenn du im Wald joggst und deine Autosuggestion machst und dabei Fragen aufkommen, dann bekommst du auch sofort eine wunderbare Antwort für dich, wenn du richtig in dich hineinhörst. Das Universum schickt immer direkt eine Antwort, und diese Antwort, dieser erste Impuls ist richtig für dich. Da musst du dich jetzt darauf einlassen, ob du willst oder nicht. Aber eigentlich musst du auch GAR NICHTS! Nen Scheiß musst du!

Du musst auch nicht diese Vorschläge befolgen, die ich dir mache, ich kann dir nur aus meiner Erfahrung mitteilen, dass es mir unendlich viel geholfen hat. Und ich bin so unglaublich dankbar dafür, dass ich meine Metamorphose durchgezogen habe, weil ich heute ein glücklicheres, erfüllteres, schöneres, freudigeres, freieres und zufriedeneres Leben führe. Wenn du darauf keinen Bock hast, dann lies bitte jetzt nicht mehr weiter. Was du von meinen Tipps mitnimmst und was nicht, das ist deine Entscheidung. Was du darfst und was du nicht darfst, ist deine eigene Entscheidung. Ich kann dir nur aus meiner Erfahrung sagen, dass ich mir durch meine Autosuggestionen ein komplett anders Verhalten antrainiert habe. Dadurch, dass ich meinem Unterbewusstsein suggeriert habe: Ich bin schlank. Ich ernähre mich gesund usw.

Mein Unterbewusstsein hat automatisch mein Verhalten dahingehend geändert. Ich habe ehrlicherweise gar nicht darauf geachtet, was ich esse, sondern mein Unterbewusstsein – und das ist ganz entscheidend – hat sich all diese Lebensmittel für mich zusammengesucht, das heißt, ich habe schon nach kürzester Zeit anders gegessen. Ich habe eben nicht mehr die Dinge gegessen, die dick machen, und auch kein Verlangen danach gehabt. Ich suchte mir immer die Speisen aus, auf die ich Lust hatte – und da hörte ich auf meinen Bauch; auch, ob ich überhaupt Hunger hatte oder nicht. Wie viele Menschen essen einfach, ohne ein Hungergefühl zu haben? Wir sollten lernen, wieder mehr auf unseren Körper zu hören, er sagt uns schon, was gut für ihn ist.

Jetzt will ich aber auch ehrlich sein: Wenn ich dann doch mal Gelüste habe – und das kommt vor! – futtere ich auch einfach mal was Ungesundes. Oder ich schnappe mir meinen Mann, der macht auch satt, hihi.

Außerdem tickt jeder Körper etwas anders. Das heißt: Was für den einen gut ist, muss für den anderen nicht gleich gut sein. Jeder von uns ist individuell. Mein Körper hat mir gesagt, dass er eben das und jenes braucht. Ich esse zum Beispiel morgens immer viele Kohlenhydrate, denn ich liebe Brot. Dann kommt zum Beispiel Vollkornroggenbrot mit Avocado, Putenbrust, Gurken und Tomaten auf den Tisch. Ich esse aber auch leidenschaftlich gerne Müsli. Richtig schön mit viel Sahne, Joghurt und Früchten. Mittags beschränke ich mich dann meistens auf etwas Leichtes, weil ich nicht so viel Appetit habe. Da esse ich mal einen Salat, einen Joghurt mit Obst, oder ich mache mir ein Omelette. Abends koche ich immer für mich und meine Familie, mittlerweile eigentlich mehr für meinen Mann. Da mache ich auch immer etwas Tolles. Ich brate Fleisch, Fisch, Geflügel, vielleicht auf dem Grill mit viel Gemüse.

Wir essen abends eigentlich immer so gut wie keine Kohlenhydrate – wir trinken Kohlenhydrate. Hahaha … Das ist auch wieder so ein Ammenmärchen: Wenn man Alkohol trinkt, dann nimmt man nicht ab. Das ist alles Quatsch. Natürlich sollst du nicht jeden Abend flaschenweise Champagner, Wein oder Bier trinken, aber wenn du regelmäßig ein Gläschen trinkst oder auch zwei, dann kannst du trotzdem abnehmen. Auch das ist Einstellungssache. Ich sage dir, dein Kopf bestimmt alles, was dein Körper macht. Alles, was du denkst, passiert auch bzw. hat die Tendenz, sich zu verwirklichen. Das ist immer so. Ob du positiv oder negativ denkst. Und wenn du dir einredest, dass der Wein dich nicht dick macht, wird er dich auch nicht daran hindern abzunehmen. Ich habe den Beweis geliefert. Ich liebe Wein.

Mittlerweile mache ich ja keine Diät mehr. Aber es ist für mich ungeheuer wichtig geworden, regelmäßig und gesund zu essen. Ich denke, das könnte sich jeder vornehmen, denn der Stoffwechsel und vor allem das Gehirn brauchen regelmäßig Energie, und zwar in einem gleichmäßigen Rhythmus. Früh, Mittag und Abend. Mein innerstes Barometer sagt mir das auch, ich esse dreimal am Tag und lasse zwischendrin mindestens vier bis fünf Stunden Pause. Ich glaube, dass ist das Geheimnis, dass man nicht ständig zwischendurch den Insulinspiegel nach oben knallt, sondern wirklich Essen–Pause–Essen–Pause. Wie schon erwähnt, ich bin keine Ernährungsberaterin, aber das sind so Dinge, die einem eigentlich der gesunde Menschenverstand sagt, die wir aber nur allzu gerne vergessen – oder bei denen wir nicht in die Umsetzung kommen. Mir geht es hier um das große Ganze, nämlich um deine Metamorphose und dein Wohlbefinden. Vielleicht hast du auch eine andere Essensweise oder einen anderen Rhythmus.

Du wirst herausfinden, was für dich am besten ist. Wichtig ist, dass dir dein Aussehen und dein Geist, das Äußere und das Innere das höchste Gut sind. Dass du dich nicht nur äußerlich pflegst, sondern auch deine Gedanken. Lass dich während der ganzen Metamorphose nicht von anderen Menschen beeinflussen. Denke immer daran: Du bist der Schöpfer deiner Person. Du bist der Creator deiner eigenen Persönlichkeit. Jetzt ist es an der Zeit, dass du für dich da bist, dich selbst liebst und dich liebevoll behandelst. Es geht jetzt gerade um dich. Und das hat nichts damit zu tun, dass du egoistisch, ein Egomane, Narzisst oder sonst etwas bist. Es geht um deine Person und um deine Selbstliebe. Und du hast die Kraft dazu. Jeder besitzt diese Kräfte, diese unbändige Kraft, alles zu verändern auf dieser Welt. Du schaffst es. Ich weiß, dass du es schaffst! Du schaffst es, weil du dich liebst und du es dir wert bist! Du bist Superwoman!

Jetzt bist du dran: Sport und Fitness

Um dir den Einstieg in das Thema Bewegung zu erleichtern, kannst du diesen Fragebogen ausfüllen. Er zeigt dir, wo du gerade stehst und wo du noch mehr Gas geben kannst.

Wie oft machst du Sport in der Woche?

☐ Gar nicht ☐ 1–2 Mal ☐ 3–4 Mal ☐ Täglich

Falls du keinen Sport machst, wann willst du damit anfangen?

____

____

Welchen Sport wolltest du schon immer mal ausprobieren?

____

____

Welche Stellen an deinem Körper willst du gezielt verbessern?

____

____

Wo ist das nächste Fitnessstudio?

____

Unterschreibe jetzt und hier, dass du sofort mit dem Sport beginnen, gesund essen und ein selbstbestimmtes Leben führen wirst.

____

AUTOSUGGESTIONEN

- Ich liebe mich!
- Ich liebe Sport!
- Sport gehört zu meinem Alltag!
- Ich habe endlose Energie in mir!
- Ich bin schön! Ich bin straff und glatt! Ich bin sexy!
- Ich habe eine tolle Ausstrahlung!
- Ich bin schlank und schön!
- Ich werde von Tag zu Tag immer schlanker und immer schöner!
- Ich habe Appetit auf gesunde Ernährung!
- Wenn ich satt bin, höre ich auf zu essen!
- Ich bin leicht!
- Wenn ich leicht bin, geht alles leichter!
- Meine positive Ausstrahlung zieht andere Menschen an.

- ______________________________
- ______________________________
- ______________________________
- ______________________________
- ______________________________
- ______________________________
- ______________________________
- ______________________________

KAPITEL 12

LIEBE, LEBE, LACHE!

Nachdem Jürgen und ich wieder zusammengefunden hatten, schmiedeten wir als Erstes neue Pläne. Wir entdeckten, dass gemeinsame Ziele und Träume verbinden, auch wenn es zu Beginn nicht einfach war, wieder auf eine Wellenlänge zu kommen. Ich denke, das macht dich jetzt bestimmt neugierig, denn so einfach ist das auch nicht, aus einem alten Trümmerhaufen ein neues Haus zu bauen. Aber positiv denkend, wie ich bin, habe ich das Universum angezapft und meine Wünsche klar und deutlich formuliert. Es nutzt ja auch nichts, wenn du das allein arrangierst, denn letztendlich musst du als Paar ins Handeln kommen.

Aber da wir durch Jürgens Seminare sehr viel Erfahrung im Bereich Persönlichkeitsentwicklung haben, sind wir beide offen für Problemlösungen. Sehr viele Paare nehmen an unseren Seminaren teil und haben sich auch dort wieder gefunden, neu verliebt oder ihre Beziehung auf den Prüfstand gestellt. Manchmal gab es auch kein Happy End …

Es gibt natürlich viele individuelle Möglichkeiten, wie man als Paar seine Zukunft neu kreiert. Als Allererstes musst du es wollen! Das ist ganz wichtig, denn es darf kein Kompromiss sein. Du musst es mit vollem Herzen und mit deiner größten Leidenschaft wollen. Das ist Priorität. Das Nächste ist, dass man sich zusammensetzt und eine Liste schreibt, und das hast du jetzt schon gemerkt, ich fordere dich immer wieder auf, Listen zu schreiben. Du solltest dabei ganz ehrlich zu dir selbst sein und festhalten, was du magst, was dich bewegt und was wichtig für dich ist, damit du diese Listen konsequent abarbeiten kannst. Das sind sozusagen deine To-do-Listen. Jürgen und ich fingen also damit an, uns verschiedene Möglichkeiten der Zukunftsplanung zu kreieren. Zum Beispiel bastelten wir uns ein so genanntes Love-Board und eine Zielcollage. Außerdem gestalteten wir gemeinsam eine Art Abenteuerbuch.

Ich erkläre hier mal das Abenteuerbuch, weil ich es als das interessanteste Projekt empfinde. Hier geht es darum, dass beide sich hinsetzen und gemeinsam anfangen, von Abenteuern zu träumen. Werdet kreativ und werft alles in den Raum, was euch einfällt. Schreibt auf, welche Sachen ihr euch gemeinsam vorstellen könnt, um aus eurer Komfortzone herauszukommen. Sortiert diese Wunschliste auch ein wenig nach Dringlichkeit. Bügelt nicht sofort alles ab, was sich der Partner wünscht, sondern versucht, aufeinander einzugehen. Gebt dem Fremden, dem Ungewohnten eine Chance, ich sage nur Harley-Fahren …

Hier ist es entscheidend, auch den Ideen des anderen Raum zu geben. Liebe heißt verzeihen, vertrauen und loslassen. Bei uns ist das immer so, dass Jürgen einen großen Drang nach Abenteuerlust hat, ein sogenannter Adrenalinjunkie ist und alles ausprobiert. Ich war immer die etwas Ängstlichere, die nur ab und zu ihre Komfortzone verlassen hat. Vielleicht auch manchmal wegen der Kinder. Bei mir hat sich das alles geändert, seitdem ich mich überwunden habe, auf der Harley zu fahren.

Seitdem bin ich leidenschaftliche Mitfahrerin. Da bin ich endlich über meinen Schatten gesprungen, und schon schenkte mir das Leben so viele wunderschöne neue Augenblicke. Und wenn du dich ebenfalls traust, über deinen Schatten zu springen, dann wird es dich öffnen und beflügeln.

Meine erste Idee auf meiner Liste war ein Boot. Das hört sich jetzt ein bisschen irre an, aber wir sind alle passionierte Wasserskifahrer. Jürgen und die Kinder noch viel mehr als ich. Ich bin immer schon gefahren, beim ersten Mal gelang es mir gleich, aus dem Wasser rauszukommen und nicht hineinzufallen. Allerdings fuhr ich immer schön brav meine Runden, ohne zu kreuzen oder was zu riskieren. Trotzdem liebte ich Wasserskifahren. Und weil wir das eigentlich immer nur einmal im Jahr machen konnten, überlegten wir uns nun das mit dem Boot ernsthaft – und kauften uns eins. Ein kleines, aber schnelles Boot, das direkt bei uns am Hafen auf dem Main liegt, wo wir immer im Sommer mit der ganzen Familie den Spaß ausüben können. Einmal im Jahr in Mauritius war uns viel zu wenig. Bevor der Gesamtspaß losging, mussten wir alle erst einmal einen Bootsführerschein machen. Und weil Jürgen ein sehr guter Verkäufer ist, lässt er sich auch gerne von guten Verkäufern etwas mehr verkaufen. Statt nur den Binnenschein zu machen, waren wir alle drei auch noch zum See-Bootsführerschein verdonnert worden. Eine tolle Herausforderung! Jeden Tag lernen, tausend Fragen merken, Navigation, Schiffsknoten, grüne Bojen, rote Bojen, Signaltöne, Lichtzeichen und vieles mehr. Mein Kopf hat gerauscht, aber ich wurde mal wieder richtig gefordert. Dann eroberte die Höller-Family den Main.

Jetzt konnten wir das nächste Abenteuer starten. Was stand da auf der Liste? Ein Fallschirmsprung! Das hatten wir uns vom *Lifing 3* abgeschaut, auch dort ist ein Tandemsprung im Programm inbegriffen. Es braucht schon eine große Portion Mut, das zu wagen, finde ich. Damals dachte ich nur: »Wenn unsere Seminarteilnehmer das können, dann kann ich das auch.« Und lass dir nicht einreden, dass dies zu gefährlich ist, weil … Nen Scheiß musst du! Spring! Spring für dich und für dein neues Leben!

Ich wagte mich schließlich im gleichen Jahr, in dem ich bei Jürgen auf die Harley stieg, an den allerersten Fallschirmsprung. Es war großartig und pushte meine positive Energie weiter. Wieder ein Schritt aus der Komfortzone heraus! Wieder einen Schritt mehr in Richtung Selbstbestimmung. Wieder mehr Mut, wieder einfach nur Ich!

Mein Glaubenssatz war immer gewesen, dass ich diesen Adrenalinkick nicht brauche. Was sollte das? Es hatte mich eigentlich nie so richtig interessiert, Motorrad zu fahren oder aus einem Flugzeug zu springen, in die Tiefe zu tauchen oder in einem Freizeitpark einen Free-Fall-Tower runterzudonnern. Ich hatte all diese Dinge nie vermisst. Aber nun war ich bereit, alte Glaubenssätze los- und mich auf etwas Neues einzulassen. Und wow! Jetzt, wo ich das eine geschafft hatte, mache ich das nächste und danach das übernächste Abenteuer

Meine Mutter lebte nur noch in Angst und Bange um mich und flehte mich an vernünftig zu sein.

Nen Scheiß muss ich!
Out of the Box!

Die nächste Herausforderung wartete in der Tiefe der Meere auf mich. Ich hatte zwar immer gern geschnorchelt und liebte es, Fische zu beobachten, aber ich hatte mich nie getraut, den Tauchschein zu machen. Jetzt kamen diverse Ängste dazu: Ich könnte zu alt sein, ich könnte mich blöd anstellen, versagen, mich in Gefahr bringen. Aber durch mein neues positives Mindset gelang es mir, diese Ängste in Schach zu halten, und schließlich machte ich 2016 auf den Malediven meinen Tauchschein. Ich sagte zu Jürgen: »Pass auf, ich mache das, ich versuche es, und wenn ich das Gefühl habe, es tut mir nicht gut, oder ich habe zu viel Angst, und es ist nicht so, wie ich es mir vorgestellt habe, dann habe ich es zumindest versucht.«

Gib dir selbst eine Chance, das große Glück zu erfahren! Manchmal braucht man einfach einen liebevollen Kick into the Ass. Was ich dir an meinem Beispiel zeigen möchte, ist, dass du immer wieder aus deiner Komfortzone herausgehen musst. Ein Leben lang, sonst entwickelst du dich nicht weiter.

Du darfst natürlich auch Angst davor haben, das ist ganz natürlich, aber du darfst die Angst nicht über dich bestimmen lassen. Diese Angst hat mich jahrelang kleingehalten. Diese Angst hat mich alt werden lassen. Diese Angst hat sich tatsächlich auf die negativste Art und Weise in mein Leben eingemischt. Aber nun wollte ich nicht mehr dem Leben hinterherhecheln, ich wollte die Veränderung. Angst ist für viele ein Alibi! Für mich würde es das nicht länger sein, das schwor ich mir.

Dabei kommt es mir zugute, dass Jürgen ein unglaublich guter Lehrmeister ist, wenn es darum geht, Grenzen zu sprengen. Ich bin dafür seine Lehrmeisterin in Sachen »Wie kann man so großzügig wie möglich sein?«. Auf jeden Fall kennt Jürgen kaum Grenzen in seinem Denken und das hat mich angespornt. Wer sagt denn, dass du mit fünfzig oder sechzig keine Achterbahn mehr fahren kannst? Wer schreibt dir vor, welcher Sport und welche Abenteuer für dich angemessen sind?

What the fuck!
Nen Scheiß muss ich!

Du kannst alles machen, was dir Spaß macht und was du schon immer einmal tun wolltest! Das Leben ist bunt! Tauche in den großen Farbtopf ein und bediene dich an der gesamten Palette. Ab jetzt gibt es nicht mehr dezent, sondern nur noch grell. Denn wenn du immer nur den gleichen Horizont hast, an dem du alles kennst und wo du dich sicher fühlst, dann wirst du nie im Leben erfolgreich und grenzenlos glücklich sein. Dein Partner wird an dir vorbeiziehen. Hab keine Angst, sondern denke positiv. Denke, dass du es schaffen kannst, glaube an dich, sei einfach frei und unvoreingenommen. Lass deine alten Glaubenssätze hinter dir, wenn du das nächste Mal in eine ungewohnte Situation kommst. Denn du weißt du jetzt schon, dass es oft nur ein kleiner Step ist, der dich einen großen Schritt weiterbringt.

Nehmen wir nur mal das Beispiel mit meinem Tauchschein. Ich hatte damals großes Glück, dass ich auf einer wunderbaren Malediven-Insel das Tauchen lernen durfte. Auf Reethi Rah war gerade nicht so viel los, und deshalb hatte ich meinen schwedischen Tauchlehrer fast für mich allein. Das hört sich jetzt irgendwie zweideutig an … Hahaha. Er war begeistert, dass ich auch einen schwedischen Namen habe, blond bin und große Begeisterung für den Ozean habe. Beim ersten Tauchgang merkte ich nicht einmal, dass ich bereits zwölf Meter tief gegangen war, so sehr war ich gebannt. Es war überhaupt nicht schwierig, sondern wunderbar einfach. Es war leicht, weil ich es mir auch leicht vorgestellt hatte. Ich wusste, dass er ein Experte ist und ich in besten Händen bin, deshalb machte ich mir auch keine Sorgen. Ich bin einfach nur in den Empfangsmodus gegangen und habe mich treiben lassen.

Und nun war ich unfassbar dankbar dafür, was mir das Universum da geschenkt hatte. Ich durfte in den schönsten Unterwasserwelten die sensationellsten Fische und Korallen sehen, mit Haien und Schildkröten schwimmen und schwerelos im Wasser treiben. Diese einzigartige Erfahrung möchte ich niemals mehr missen. Ich möchte deshalb meine Erfahrung mit dir teilen, und ich hoffe, ich kann dir auch ein bisschen Mut machen, neugierig zu bleiben. Lass dich nicht einschränken, von nichts und niemandem!

Natürlich ist Tauchen ein kostspieliges Hobby. Und nicht jeder ist finanziell so privilegiert wie wir. Doch die Botschaft dieses Kapitels ist ja nicht, dass du unbedingt tauchen sollst, sondern öfter mal aus deiner Komfortzone rausgehen sollst. Es geht darum, dass du wieder mehr mit deinem Partner unternimmst. Dass ihr beide Spaß habt, neue Herausforderungen anzunehmen. Dass ihr gemeinsam eure Freizeit gestaltet, um wieder mehr Gesprächsstoff zu haben, dass ihr gemeinsam eure Erfolge feiern könnt. Es geht nicht darum, dass jeder sein Ding macht! Es geht letztendlich darum, so viel wie möglich gemeinsam zu erleben!

Und wenn du es nur ein einziges Mal tust, dann hast du es wenigstens getan. Vielleicht möchtest du lieber Tango tanzen in Argentinien. Oder am Südpol mit kleinen Pinguinen spielen, es gibt so viele Sachen, die du erleben kannst. Oder einfach nur mit dem Roller über schmale, enge, wilde Straßen fahren. Und selbst da gibt es Menschen, die sagen, dass das eine viel zu gefährliche Sache sei. Jürgen und ich haben das 2019 auf Capri gemacht. Typisch, wie Jürgen ist, hat er sich einen Roller gemietet und mich am Hotel abgeholt. Das war der schönste Nachmittag, den man auf so einem Roller auf der wunderschönsten Insel Italiens verbringen kann. Mit einer Gondel auf einen Berg hochfahren, Capri umrunden, irgendwo ins Meer springen, die Sonne genießen, in einem kleinen Restaurant mit Meerblick Fisch essen, den Sonnenuntergang beobachten – es war ein Traum. Wild romantisch und einfach nur Bäm!

Also, hab keine Angst, irgendetwas Außergewöhnliches, das eigentlich gewöhnlich erscheint, zu machen. Natürlich passieren jede Menge Unfälle, und zusätzlich könntest du in Italien beklaut werden, und es gibt dort auch die Mafia, aber: Wer nicht wagt, der nicht gewinnt!

Jetzt bist du dran: Kreiere dein persönliches Abenteuerbuch

Jetzt habe ich so viel von unseren Abenteuern erzählt – und du hast bestimmt viel Inspiration bekommen für dein eigenes Buch. Es ist ganz einfach. Du nimmst eine Mappe, ein paar Klarsichtfolien und schreibst alle Dinge auf, die ihr machen wollt. Wir haben alle Reiseziele, die wir gemeinsam erleben wollten, ausgeschnitten und haben sie auf ein Blatt Papier geklebt, das geht natürlich noch einfacher. Ich kann dir sagen, allein das Sammeln der Ideen hat schon unheimlich viel Spaß gemacht!

Wenn dir das alles zu aufwendig ist, dann beklebst du einen großen DIN-A2-Karton mit deinen Wünschen und machst daraus eine sogenannte Zielcollage. Das kann man gerne an einem ruhigen Winterabend für ein Jahr im Voraus planen. Denn Vorfreude ist die schönste Freude!

Jürgen und ich konnten irgendwann gar nicht mehr aufhören, wir sprudelten gerade über vor Ideen. Vor unserem geistigen Auge erschufen wir die schönsten Momente! Wir hatten für 2018 auch schon ganz konkret im Terminkalender festgehalten, dass wir in die Südsee fliegen würden. Weitere Reisen in den folgenden Jahren kamen dazu: Mit den Kindern nach Orlando fliegen und die Universal Studios besuchen; nach Afrika fliegen, um ein Gorillatracking zu absolvieren; Schimpansen treffen und eine Safari in Kenia erleben. Dann weiter nach Madagaskar auf eine vorgelagerte Trauminsel, um dort gemeinsam zu tauchen usw. usf. Genauso ist es gekommen.

Das Reisen war allerdings nicht das Einzige, was wir uns gemeinsam vornahmen. Wir gestalteten sukzessive unser Haus um und gönnten uns einen kleinen Flitzer. Zudem achteten wir darauf, vor und nach den Seminaren mehr Paar-Zeit einzuplanen. Bis jetzt haben wir uns nicht davon abbringen lassen, so viel wie möglich in unser gemeinsames Leben hineinzupacken. Wir ziehen das mit größter Energie und Freude durch. Ich gebe zu, manchmal ist das ganz schön anstrengend, aber es lohnt sich so sehr!

Auch meinen größten Traum habe ich mir in den letzten Jahren erfüllt. Schon immer lag ich meinen Eltern in den Ohren, dass ich unbedingt mal in die Antarktis wolle, durch das ewige Eis fahren und Pinguine sehen. Dafür wurde ich immer ausgelacht: »Ach, das geht doch nicht. Wie willst du denn da hinkommen? Da kommt man nur mit einem Eisbrecher hin! Die einzigen Schiffe, die dahinfahren, sind Expeditionsschiffe. Wie willst du denn das machen?«

Ich dachte immer nur, es ist schon so viel Zeit vergangen, das Leben hat sich total verändert, und heutzutage ist fast alles möglich. Zwar machte mir Corona im ersten Anlauf einen Strich durch die Rechnung, aber 2023 schaffte ich es: Ich fuhr in die Antarktis!

Wieder einmal hatte sich gezeigt, dass man sich von anderen nicht bremsen lassen sollte. Und wenn was im ersten Anlauf nicht klappt? Egal, Schwamm drüber und erneut versuchen! Was für dämliche Parolen manche Menschen von sich geben. Nur weil ihr eigener Horizont nicht so weit sehen, denken und fühlen kann, glauben sie doch glatt, es wäre für niemanden bestimmt. Du kannst dir deine eigene Welt kreieren, und wenn du daran glaubst, dass alles möglich ist, dann wird es so sein! Und wenn irgendjemand zu dir sagt, dass deine Träume überzogen, völlig albern und vielleicht auch nutzlos seien, dann halte dich von solchen Menschen fern!

Man braucht als Mensch in seinem Leben eine gehörige Portion Optimismus. Das ist auch deine Entscheidung: Ob das Glas für dich halb leer oder halb voll ist. Du weißt ja, wofür ich mich entschieden habe. Ich bin in der Mitte meines Lebens angekommen und will jetzt auch die zweite Hälfte genießen. Ich will es mit meinem Mann so richtig krachen lassen und mir von niemandem mehr vorschreiben oder einreden lassen, dass dieses oder jenes nicht möglich sei.

Nen Scheiß muss ich!

Das Leben ist ein ständiges Lernen und Wachsen. Wenn du aufhörst zu wachsen, aufhörst zu träumen, aufhörst, wirklich positiv zu denken, dann bleibst du auf der Strecke. Ich habe so viele Bekannte und Freude, die sich nicht einmal mit den sozialen Netzwerken befassen oder sich mit Smartphones auskennen. Ich kenne Leute, die benutzen nicht einmal WhatsApp. Du solltest dich verpflichtet fühlen, an diesem modernen Leben teilzuhaben. Es ist auch eine Verpflichtung unseren Kindern gegenüber, da mitzumachen. Ich habe es auch sehr bereut, dass ich meiner Mutter das alles nicht mehr gezeigt habe. Nie konnte ich ihr schnell eine kurze Nachricht oder ein Foto aus dem Urlaub schicken. Darüber bin ich sehr traurig und ärgere mich auch heute noch.

Auch im Beruf kommen wir heute an Internet und Social Media nicht mehr vorbei. Oft frage ich mich, wie sich es manche leisten können, nicht auf diesen Zug aufzuspringen. Zum Beispiel, wenn ich selbstständig bin und ein Geschäft habe, muss ich doch wissen, was meine Mitbewerber machen. Ich muss doch wissen, was da draußen in der Welt überhaupt abgeht. Wie viele Modegeschäfte müssen aufgeben, weil sie es verpasst haben, zusätzlich einen Online-Shop zu betreiben? Leute, es herrscht ein neues Zeitalter, und zwar das digitale Zeitalter. Und niemand kommt mehr drum herum, einen Online-Shop zu erstellen oder eine Webseite zu haben. Selbst mein Sohn, der Künstler ist, hat eine eigene Webseite und präsentiert sich auf Facebook und Instagram. Sogar seine Bilder verkauft er über Social Media. Stell dir das mal vor, Kunst, Bilder, die nie zuvor im Original gesehen wurden, werden so verkauft.

Ich finde das Internet als Informationsquelle großartig. Alles, was ich wissen will, hole ich mir aus dem Internet. Ich kann schnell nachschauen wie, wo, was ist. Selbst wenn es nur das Wetter ist. Also ich bitte euch, wer schaut denn heutzutage noch TV-Nachrichten?

Klar, es ist nicht alles Gold, was glänzt im Internet. Aber auch hier versuche ich, mich auf das Positive zu konzentrieren. Ich möchte eben in allen Bereichen offen sein für Neues und dazulernen. Gerade mein fortgeschrittenes Alter gebietet mir das. Ich weiß, dass das Leben endlich ist und dass ich einen großen Teil davon schon verbracht habe. Umso besser will ich die Tage nutzen, die mir noch bleiben. Ich kann dir nur meinen eigenen Rat geben: Pack so viel wie möglich in dein Leben rein. Verschiebe nichts auf morgen, übermorgen oder auf nächstes Jahr! Lass es zwischendurch mal so richtig krachen. Und weißt du, es ist eigentlich egal, wenn etwas so und so viel Geld kostet. Es geht auch vieles mit kleinem Budget. Lebe jetzt!

Als kleinen Stups in die richtige Richtung zeige ich dir hier, wie du dir deine ganz persönliche verrückte To-do-Liste machen kannst. Lass dich von meinen Ideen in diesem Kapitel inspirieren oder such dir ganz eigene Ziele und Träume, Hauptsache, es macht dich aufgeregt und glücklich! Wenn du mit dieser Liste fertig bist, kopiere sie aus dem Buch und hänge sie dir an eine Stelle in der Wohnung, an der du täglich mehrmals vorbeikommst – ähnlich wie die Autosuggestionen.

Jetzt bist du dran: Deine verrückte To-do-Liste

Schreibe hier alles auf, was du gerne so erleben möchtest, auch wenn es dir gerade sehr verrückt oder unerreichbar erscheint!

1. ______________________________
2. ______________________________
3. ______________________________
4. ______________________________
5. ______________________________
6. ______________________________
7. ______________________________
8. ______________________________

AUTOSUGGESTIONEN

- Ich liebe das Leben!
- Ich bin begeisterungsfähig!
- Ich kann meinen Partner motivieren!
- Ich vertraue mir!
- Ich kann machen, was ich will!
- Alles ist möglich!
- Ich bin Schöpfer meines Lebens!
- Ich lebe in Leichtigkeit, Freude und Heiterkeit!
- Das Leben muss erlebt werden!
- ____
- ____
- ____
- ____
- ____
- ____
- ____
- ____

KAPITEL 13

MONEY, MONEY, MONEY …

»Kerstin, Geld ist doch eher Männersache. Die können das einfach besser und machen es auch lieber als Frauen. Kerstin lass deshalb mal die Finanzen deinen Partner machen!«

Nen Scheiß muss ich!

Heute ist wieder so ein typischer Tag. Wie verläuft dieser?

Um 06:15 Uhr aufstehen, eine halbe Stunde früher als der Mann. Dann nach einer kurzen Katzenwäsche die Kinder wecken, Frühstück zubereiten, dem Mann ein strahlendes Lächeln von seiner geliebten Ehefrau schenken.

Nachdem alle aus dem Haus sind, Betten machen, das Haus putzen, Einkaufsliste erstellen und dann erstmal einkaufen. Im Haus gibt es auch einige Sachen zu reparieren, unter anderem Glühbirnen wechseln, ein Bild aufhängen und beim Küchenschrank, wo sich der Griff gelockert hat, eine Schraube festziehen. Wenn das erledigt ist, steht die Zubereitung des Mittagessens an, schließlich bin ich eine gute, moderne Frau, die ihren Kindern nach der Schule kein Junkfood, sondern gesundes, frisches Essen bieten möchte. Mitten in der Vorbereitung dann der Anruf: Eines der Kinder hat eher Schule aus, ob ich es abholen kann. Natürlich. Herd ausschalten, schnell das Kind von der Schule abholen, dann das Essen fertig zubereiten. Danach die Küche saubermachen (schließlich soll die Küche gut aussehen, wenn der Mann kommt).

Dann geht der Fahrservice los:

- Ein Kind zum Musikunterricht fahren.
- Das zweite Kind anschließend zum Fechtunterricht bringen.
- Das erste Kind wieder vom Musikunterricht abholen.
- Nach einer Stunde Pause das Kind zum Fußballtraining fahren.
- In der Zwischenzeit das andere Kind vom Fechtunterricht wieder abholen (geht eigentlich alles gar nicht gleichzeitig …).

Anschließend, wenn alle Kinder wieder zu Hause sind, die Hausaufgaben überprüfen und Lernaufgaben abfragen.

Dann kommt schließlich der Göttergatte nachhause. Er ist müde, er ist genervt. Also mache ich mich hübsch zurecht, setze mein strahlendstes Lächeln auf und beginne, dem Herrn der Schöpfung (und meinen Kindern) ein nettes Abendessen zuzubereiten.

Während der Mann schnarchend vor dem Fernseher schläft und die Kinder in ihrem Zimmer im Internet surfen, mache ich die Küche sauber und erstelle noch einen kurzen Plan für den nächsten Tag.

Dann wird es Zeit nachzusehen, ob die Kinder auch wirklich ihre Zähne geputzt haben und schon im Bett liegen, ansonsten gibt es die obligatorischen 3–45 Minuten Konfliktgespräche, ehe schließlich alle im Bett sind. Pünktlich zum Filmende wacht der Mann auf, nun gehen wir ins Schlafzimmer, wo ich zur sexy, heißen, leidenschaftlichen, versauten Liebesdienerin mutiere.

Am nächsten Morgen erzähle ich meinem Mann, dass ich einen Mantel und ein paar Schuhe für den Winter bräuchte – und er gibt mir dann, gnädigerweise und großzügig, wie er nun einmal ist, 400 Euro für meinen Wintereinkauf. Ohne jedoch dabei das Zähneknirschen unterlassen zu können …

Du denkst jetzt wahrscheinlich: »Was ist denn Kerstins Mann, Jürgen, eigentlich für ein Arsch?«

Nun, ich habe nicht mich beschrieben, sondern das Leben einer von vielen Frauen, die Hausfrau und Mutter sind. So oder so ähnlich läuft es doch in vielen Familien ab.

Eine nicht berufstätige Frau, die Kinder hat, führt folgende Berufe gleichzeitig aus:

- Putzfrau
- Kindermädchen
- Lehrerin
- Managerin
- Hausmeisterin
- Einkäuferin
- Fahrdienst
- Liebesdienerin

Jetzt fragst du dich, was diese Eingangsgeschichte nun eigentlich mit dem Kapitelthema Geld und Finanzen zu tun hat? Nun, es geht um die durchschnittliche Hausfrau und Mutter, die entweder gar nichts oder sehr viel weniger als ihr Mann verdient. Natürlich kann man jetzt sagen, dass viele Frauen das gemeinsame Geld verwalten und im Blick haben, was sich die Familie wann leisten kann. Was nichts an der Tatsache ändert, dass immer noch sehr viele Frauen nicht über ihr eigenes Geld verfügen, mit dem sie tun und lassen können, was sie wollen. Oder andersherum: Sie sind finanziell von ihrem Mann abhängig.

Ich finde das total unfair! Eine Frau, die praktisch Tag und Nacht arbeitet, die selbst keine Zeit mehr für sich hat, die immer für die anderen da ist (Partner, Kinder, Familie, Freunde) und dann auch noch um Geld bitten muss, wenn sie mal für sich was braucht. Das hört sich sehr altmodisch an, ist aber in vielen Beziehungen noch Realität! Denn natürlich ist es etwas anderes, wenn ich arbeite und monatlich Geld auf MEIN Konto kommt und ich einfach abheben kann, was ich mag – oder ob das Geld auf SEIN Konto geht und ich immer nach Geld fragen muss. Viele Männer meinen auch, ihnen stünde mehr vom Geld zu, denn sie haben es schließlich verdient. Dabei übersehen sie schlicht, dass die Frau zu Hause alles wuppt und dass es anders gar nicht gehen würde. Mal ehrlich: Welcher Mann stellt sich schon gerne abends an die Waschmaschine oder ans Bügelbrett?

Der Mann, der natürlich die hart verdienten Brötchen mit nach Hause bringt, verwaltet ganz selbstverständlich das Einkommen und die Rücklagen. Und wenn er möchte, dann kauft er sich ein neues Auto. Oder das angesagteste Mountainbike. Oder einen neuen Computer. Oder er abonniert nicht nur einen Streaming-Dienst, sondern gleich vier oder fünf, damit er auch wirklich alle Sendungen und alle Sportberichte im Fernsehen sehen kann.

Und es gibt viele Frauen, die dann auch noch zusätzlich ein paar Stunden arbeiten, neben all den Tätigkeiten, die sie eh schon durchführen, einfach, um ein paar Euro für sich zu haben.

Und warum? Weil die meisten Frauen den Glaubenssatz entwickelt haben »Geld sind ja nur Zahlen und Zahlen sind langweilig. Also lasse ich es meinen Partner erledigen«. Ich weiß, das wollen sich viele nicht eingestehen, aber ich sage es mal ganz offen: Viele Frauen sind einfach zu bequem, nein, sagen wir es härter, einfach zu faul, sich mit Finanzen und Geld richtig auseinanderzusetzen.

Nochmal zurück: Frauen führen mehrere Berufe gleichzeitig aus. Und sie bekommen dann ein Gehalt von 200/300/400 Euro im Monat? Da bin ich strikt dagegen! In jeder Beziehung sollte es so sein, dass alle Kosten von den gemeinschaftlichen Einkünften bezahlt werden – und der Rest, abzüglich Altersvorsorge und Rücklagen, wird dann durch zwei geteilt.

Allerdings kenne ich viele Frauen, wo der Mann extrem gut verdient und die Frau nur eine mickrige Zuteilung bekommt. Von Zeit zu Zeit gehen sie mit ihrem Mann shoppen, und er darf sich dann als der große Gönner fühlen, weil er ein neues Handtäschchen, ein schickes Kleid oder ein paar neue Schuhe bezahlt. Er »schenkt« seiner Frau dann etwas ganz Besonderes … Merkst du, wie verdreht das eigentlich ist?

Ich habe das große Glück, mit Jürgen einen Mann gefunden zu haben, der schon immer mehr als großzügig war. Es war und ist für ihn selbstverständlich, dass ich mein eigenes Geld habe. Ich kann im Rahmen des mir zustehenden Geldes (wie oben erwähnt 50 Prozent des freien Einkommens!) verfügen. Ich muss und werde ihn nicht fragen, ob ich mir etwas kaufen kann. Wenn das Geld zwischen Partnern aufgeteilt wird, kann jeder damit machen, was er will. Selbst in Beziehungen, in denen beide berufstätig sind, ist es oft so, dass der Mann die Finanzen verwaltet. Häufig hat die Frau dann sogar weniger Taschengeld, als sie in die gemeinschaftliche Kasse einbringt. Während ihr Mann nach Gutdünken das Geld einteilen und ausgeben kann.

What the fuck?

Jürgen hat vor Jahren ein viertägiges Seminar kreiert mit dem Titel »Die Reichtumsformel«. Dabei geht es zum einen darum, sein Mindset zum Thema Einkommen und Vermögen positiv zu verändern. Zum anderen bekommt man in diesem Seminar ein System an die Hand, mit dessen Hilfe man sein Einkommen steigern und seine finanzielle Unabhängigkeit und Freiheit erreichen kann. Was mich besonders freut: Vor einigen Jahren, als er dieses Seminar startete, waren die Teilnehmer zu 80 Prozent männlich und nur 20 Prozent weiblich. Mittlerweile hat es sich verlagert auf 60 zu 40. Schon besser. Aber immer noch deutlich mehr Männer als Frauen. Kann es deshalb sein, dass meine Einführung in dieses Kapitel durchaus berechtigt ist? Dass man uns Frauen als Kindern, vielleicht über die Eltern, dieses Rollenspiel einprogrammiert hat? Dass Geld in unserer Gesellschaft eher den Männern zugedacht wird? Ich kann mir nämlich beim besten Willen nicht vorstellen, dass Männer bessere Finanzmanager wären, und erst recht ist das Thema Finanzen nicht langweilig!

Ich glaube, dass viele Frauen – aus welchen Gründen auch immer – noch nicht verstanden haben, wie wichtig Geld ist, um selbstbestimmt leben zu können. Und was für ein unglaublich wichtiger Hebel Geld ist. Klar, Geld ist nicht alles, aber wie heißt es so schön:

Ohne Geld ist alles nichts. Leider haben viele Frauen auch noch den Glaubenssatz »Geld ist ja nicht so wichtig«. Aha, Geld ist nicht so wichtig? Was ist denn dann wichtig? Natürlich die Liebe zum Partner, die Kinder, also die Familie, ein schönes Heim, vielleicht der eigene Beruf, die eigene Karriere. Aber um Gottes Willen doch nicht Geld …

Wenn man sich mal die Zahlen anschaut, dass 56 Prozent aller Beziehungen am Thema Geld scheitern, dann sprechen diese Fakten leider eine andere Sprache. Geld scheint doch so wichtig zu sein, dass es der Hauptgrund für gescheiterte Beziehungen ist.

Und dann noch ein Thema, das mich unglaublich aufregt: Es gibt ja immer noch die traditionellen Familien, in denen der Mann das Geld verdient und die Frau sich um die Familie kümmert. Demzufolge ist sie vielleicht nicht oder nur eine kurze Zeitspanne beruflich tätig gewesen. Und hat auch relativ wenig in die Rentenkasse eingezahlt.

Im Rentenalter angekommen, erhält der Mann eine schöne Rente, die Frau oft nur eine kleinere. So weit so gut. Beide verstehen sich, mal angenommen, sie teilen sich das Geld untereinander auf, machen sich das Leben gemeinsam schön. Alles wunderbar. Dann stirbt der Mann … Die sogenannte Witwen- oder Witwerrente (aber meistens sind es ja die Frauen, die länger leben …) beträgt 55 oder 60 Prozent. Je nachdem, wie alt jemand ist, wie lange man zusammen war und so weiter.

Wie bitte? 55, oder im besten Falle, 60 Prozent? Da bekommt der Mann beispielsweise eine Rente von 1500 Euro. Dann beträgt die Witwenrente 825 Euro (bei 55 Prozent) beziehungsweise 900 Euro (bei 60 Prozent)? Das ist dann zu viel zum Sterben, aber auf alle Fälle zu wenig zum Leben.

Umgedreht: Stirbt die Frau und war der Mann der Hauptverdiener, bekommt er zwar von der Rente seiner Frau auch nur 55 oder 60 Prozent – aber natürlich weiterhin 100 Prozent von seiner üppigeren Rente. Deshalb gibt es so wenige arme Witwer – aber Millionen armer Witwen.

Hast du gewusst, dass die durchschnittliche sogenannte »Witwenrente« bei 637 Euro im Monat liegt? Das ist ja irre! Die Frau muss jetzt von diesen durchschnittlich 637 Euro die Unterhaltskosten für das vielleicht abbezahlte Haus leisten oder die Miete mit Nebenkosten. Dann muss sie auch noch etwas essen und laufende Kosten bezahlen, Arzt, TV, Telefon und so weiter. Was bedeutet das? Die durchschnittliche Witwe lebt in Armut!

Dafür hat sie ein Leben lang geschuftet, Kinder für die Gesellschaft (als Einzahlerin in die Rentenkasse) großgezogen, dem Mann den Rücken freigehalten, mehrere Jobs gleichzeitig erledigt – um dann unterhalb der Armutsgrenze zu leben. Natürlich kann die Witwe Sozialhilfe beantragen. Doch viele sind dafür schlicht und einfach zu stolz!

What the fuck.

Ich könnte durchdrehen – ich bin völlig entsetzt! Was ist los in unserer Gesellschaft? Wie kann man nur einer Frau so etwas antun? Eine Witwe muss dann eben aus ihrem Haus ausziehen, das Haus verkaufen, das muss dann eben so sein. Wenn ich nur die Kraft und die Energie hätte, würde ich hier richtig querschlagen. Ich finde es einfach entsetzlich. Und alle Bundestagsparteien schauen zu! Niemand nimmt sich dieses Punktes einmal an. Für alles haben wir Geld. Jedoch nicht für unsere Witwen.

Viele Frauen wissen ja nicht einmal, was für ein Vermögen sie mit ihrem Partner gemeinsam besitzen. Ich würde mich niemals mehr in einer Unwissenheit positionieren und nicht wissen, was wir an Geld und Vermögen haben. Ja, auch ich war einmal bequem und faul. Ich überließ es einfach Jürgen. Ich hatte das Vertrauen zu ihm. Doch heute weiß ich genau über unsere Vermögensverhältnisse Bescheid.

Ich glaube, viele Frauen trauen es sich nicht zu, sich mit dem Thema Geldanlage und Finanzen auseinanderzusetzen. Es ist eben auch sehr angenehm, sich an die breite Schulter des Partners zu legen, der das alles regelt. Richtig schlimm wird es dann, wenn es zur Trennung kommt. Der Mann zieht mit seinem Gehalt (und seinen Rentenansprüchen) einfach weiter. Natürlich kannst du jetzt einwenden, dass er doch Unterhalt zahlen muss. Doch was muss er denn zahlen? Letztendlich bleiben in der Regel die Kinder bei der Frau und der gezahlte Unterhalt reicht vorne und hinten nicht, um den Lebensstil (für den man sich einmal gemeinsam entschieden hat) halten zu können. Und wenn man nicht weiß, was an Vermögen überhaupt vorhanden ist – könnte es sein, dass der Mann dann still und heimlich bei einer Trennung den größten Teil der vorhandenen Mittel einfach mitnimmt? Und wir doofen Frauen wissen es nicht einmal …

Also: Ich empfehle dir, so schnell wie möglich ein offenes Gespräch mit deinem Mann zu führen. Bei diesem Gespräch geht es zum einen um dein Gehalt! Ja, du hast richtig verstanden: Wenn du Kindermädchen, Putzfrau, Köchin, Fahrerin, Hausmeisterin und Liebesdienerin bist, dann verdienst du ein entsprechendes Gehalt. Ein Gehalt, das dir zur freien Verfügung steht. Und dann verlange, dass dir dein Mann genau erklärt, wovon ihr wie viel besitzt. Gibt es Fonds oder Aktien? Hat er irgendwo für euch Geld angelegt? Gibt es einen monatlichen Sparplan? Das alles solltest du wissen, unbedingt!

Vielleicht ist dein Mann überrascht, wenn du mit einem solchen Gesprächswunsch auf ihn zukommst. Vielleicht ist er auch sauer. Vielleicht hat er das Gefühl, du würdest ihm nicht mehr trauen. Sprich diese Konflikte offen an und nimm ihm seine Ängste. Aber lass nie wieder zu, dass du das bequemere, faulere, schwächere Geschlecht im Bereich Geld und Finanzen bist. Am Ende werdet ihr beide davon profitieren, und zwar nicht nur auf persönlicher Ebene, sondern auch finanziell. Denn vier Augen sehen mehr als zwei, und das gilt auch für Geldanlagen. Durch deine Unterstützung werdet ihr vielleicht sogar besser investieren und am Ende mehr rausholen. Es ist längst bewiesen, dass Frauen besonnener und weniger riskant investieren.

Und keine Angst, wenn du dich am Anfang in Finanzsachen dumm fühlst. Es gibt heute jede Menge Informationen gezielt für Frauen, was man alles zum Thema Sparen, Aktien oder Rente wissen muss: Blogs,

Podcasts, Bücher, Instagram … Ich garantiere dir: Wenn du erst einmal Blut geleckt hast (und deine erste Dividende bekommen hast), wirst du mehr wollen!

Jetzt bist du dran: Der Geld-Check-up

Weißt du über die gesamten finanziellen Verhältnisse deines Partners Bescheid?

☐ Ja ☐ Nein ☐ So bisschen

Habt ihr ein gemeinsames Konto?

☐ Ja ☐ Nein

Hast du eine eigene Kreditkarte?

☐ Ja ☐ Nein

Hast du ein monatliches Taschengeld bzw. Limit zum Ausgeben?

☐ Ja ☐ Nein

Reicht dir das Geld für deine persönlichen Bedürfnisse?

☐ Ja ☐ Nein

Musst du deinen Mann fragen, wenn du etwas mehr Geld ausgeben möchtest?

☐ Ja ☐ Nein

Legst du regelmäßig etwas vom Haushaltsgeld beiseite?

☐ Ja ☐ Nein

Fühlst du dich angemessen wertgeschätzt?

☐ Ja ☐ Nein

AUTOSUGGESTIONEN

- Ich lebe in Überfluss und Fülle!
- Ich bin finanziell frei!
- Ich ziehe Geld an wie ein Magnet!
- Dein Geld ist auch mein Geld!
- Ich bin es wert, auch als Hausfrau bezahlt zu werden.
- Geld macht frei und unabhängig.
- Ich liebe Geld!
- Ich lebe in Heiterkeit, Freude und Herrlichkeit!
- ______________________________
- ______________________________
- ______________________________
- ______________________________
- ______________________________
- ______________________________
- ______________________________
- ______________________________

KAPITEL 14

SAG ÖFTER MAL NEIN!

»Kerstin, deine Freunde und die Familie haben schon Erwartungen an dich. Da kannst du nicht einfach drüber weggehen!«

Nen Scheiß muss ich!

Das Wichtigste im Leben ist deine Familie! Das Wichtigste sind deine Freunde!

Alles Quatsch!

Ich glaube, jeder von uns hat bereits die Erfahrung gemacht, dass es manchmal besser ist, wenn man nicht so viel mit der Familie unternimmt. Das bezieht sich jetzt nicht auf deine Liebsten, deine Kinder, deinen Mann oder die Enkelkinder, sondern auf das etwas weiter gefasste Umfeld, also Geschwister, Onkel, Tanten, Omas, Opas und was sonst noch Ansprüche stellt. Es würde dich vermutlich oft ein bisschen friedlicher und positiver stimmen, wenn du dich hier und da auch mal zurückziehst und liebevoll NEIN sagst!

Der Vorteil von Freunden ist ja, dass du dir diese aussuchen kannst, und wenn dann eine Freundschaft zerbricht, ist es zwar schmerzlich, aber man hat eine neue Erfahrung gesammelt.

Bei der Familie ist alles etwas schwieriger. Ich kenne so viele Beispiele, ob jung oder alt, die sich so extrem von der Familie vereinnahmen lassen, dass sie wirklich ihre eigene Beziehung aufs Spiel setzen. Wir kommen aus einer sehr ländlichen Gegend, wo es gang und gäbe ist, dass man immer seinen Geburtstag feiert, dass man immer seine Familie sowie alle Freunde einlädt und für sie alles herrichtet, damit sie einen schönen Abend oder Tag haben. Dabei ist es doch dein Geburtstag, da solltest eigentlich du gefeiert werden und nicht andere rund um die Uhr bedienen müssen.

Nen Scheiß musst du!
What the fuck?

Wer sagt denn, dass du DEINEN schönsten Tag, deinen Geburtstag oder deinen Hochzeitstag oder den Geburtstag deiner Kinder oder was auch immer mit anderen teilen musst? Wenn du es so möchtest, dann ist es alles superschön, aber es sollte doch kein Zwang sein. Jeder, der es gut mit dir meint, dem du wirklich etwas bedeutest, wird dir von Herzen wünschen, dass du an diesem Tag das tun darfst, was DU gerne möchtest.

Leider habe ich viele Jahre lang von meinem Umfeld etwas anderes gespürt, da war so viel negative Schwingung, weil ich ab und zu mal NEIN gesagt habe. Ich habe einfach keine Lust, an einem Tag, der mir wichtig ist, so viele Menschen einzuladen, weil es sich eben so gehört. Und dann muss man alles organisieren und auftischen und rennt herum, obwohl man den Tag eigentlich genießen wollte. Ich mache da nicht mit! Ich habe das schon lange aus meinem Leben und aus meinem Kopf gestrichen.

Ich kenne so viele Menschen in meinem engsten Umkreis, die sich dermaßen vereinnahmen lassen, dass sie wirklich an jedem zweiten Wochenende entweder selbst irgendwo eingeladen sind oder ständig andere zu sich einladen müssen – ein Wahnsinnsterror, und das zu Hause!

Dann übernachten noch alle Angehörigen und so entsteht ein regelrechtes Massenlager mit was weiß ich wie vielen Leuten im eigenen Haus oder in der Wohnung. Am Ende bist du die dumme Kuh, die nur in der Küche steht und die den Tisch deckt, aufräumt, kocht, für beste Laune sorgen muss und für jeden da zu sein hat. Die abends noch alle ins Bett bringt und auf der Strecke bleibt.

Mach dir bitte jetzt Gedanken darüber! Wenn du nicht in der Lage bist, in deinem Leben, nein zu sagen, dann wird es dich ständig einholen. Nein sagen heißt auch, sich ein Stückchen Freiheit zu nehmen. Vielleicht eckst du damit an und erntest kein positives Feedback, vielleicht verärgerst du Menschen in deinem Umkreis. Vielleicht wirst du deshalb auch von der Gemeinschaft gemieden.

Aber weißt du was? Darauf kannst du scheißen!

Wenn dich die Menschen nur lieben, weil du so und so bist und genau das tust, was in ihrem Horizont verankert ist und sie dich nur deshalb lieben und mögen, dann brauchst du diese Menschen nicht. Ja, es ist vielleicht hart, aber diese Menschen müssen vielleicht auch erst mal lernen und die Erfahrung machen, dass du ein selbstbestimmtes Wesen bist und dass du in deinem Leben selbst bestimmen willst, was du bitte schön gerne machen möchtest!

Und noch was: Es ist auch möglich, sich zu erklären. Du musst dich nicht erklären, aber man kann das auch mit ganz lieben Worten sagen: »Pass auf, ich möchte jetzt meinen 50. Geburtstag mal nur mit meinem Mann feiern. Ich möchte ganz allein mit ihm irgendwo hinfahren.« Weißt du, oft kostet eine Feier schon so viel, dass du genauso gut einen Wochenendtrip damit machen kannst. Ich habe das bei mir im engsten Kreise schon so vielen Menschen geraten. Klink dich einfach mal aus!

Mir fällt jetzt gerade meine allerliebste Fee ein, die für mich zu Hause viel macht, Sigi, sie steht mir im Haushalt schon seit 25 Jahren zur Seite. Sigi ist ein wunderbarer Mensch. Von Sigi kannst du alles haben. Sie ist immer da! Ist der Keller überschwemmt, brennt es irgendwo, ist der Hund entlaufen usw. – wenn ich Sigi brauche, ist Sigi da. Das ist natürlich wunderbar, aber ich nutze das nicht aus. Aber

Sigi wird meiner Meinung nach oft von ihrer Familie, ihren Freunden und Verwandten ausgenutzt.

Denn Sigi ist immer am Marschieren. Sigi ist immer am Arbeiten, am Rotieren. Das Wochenende gehört selten ihr selbst und ihrem Partner, sondern meistens sind es irgendwelche Familienfeiern, Feste und andere Verpflichtungen auf dem Plan. Ich habe sie immer wieder darauf angesprochen, weil sie irgendwann sogar körperlich darauf reagiert hat. Du weißt ja, Geist und Körper wirken zusammen. Und wenn man geistig überlastet ist, dann tut plötzlich irgendwas weh, dann hast du plötzlich Schmerzen im Handgelenk, im Rücken oder in den Knien oder was auch immer.

Ich möchte jetzt auch nicht auf die Symptome eingehen, hierfür gibt es schlaue Bücher. Oder du besuchst mal ein *Lifing*-Seminar bei uns. Ich habe Sigi dann immer wieder erklärt, dass sie auch mal Nein sagen muss. Sag einfach mal Nein! Es geht jetzt nicht und du kannst jetzt nicht! Mittlerweile ist sie Oma und hat drei Enkelkinder, und auch da muss man nicht immer parat stehen und die perfekte Oma sein, sondern man kann, auch dem eigenen Partner zuliebe, mal Nein sagen. Vielleicht wissen es die anderen nicht, dass es einem manchmal ein bisschen zu viel ist.

Nachdem sie 2018 ihr 25-jähriges Jubiläum bei uns als Mitarbeiterin gefeiert hat, haben wir Sigi ein wunderschönes Wochenende in einem 5-Sterne-Wellness-Hotel geschenkt, was sie so richtig genossen hat. Allein mit ihrem Mann, ohne Familie, ein wirklich entspanntes Wochenende verbringen dürfen. Und siehe an, sie ist wirklich aus ihrer Komfortzone herausgekommen. Hat gleich im Anschluss für den 60. Geburtstag von ihrem Herbert eine Schiffsreise auf dem Nil gebucht. Sie hat Gott sei Dank mal nicht auf alle anderen gehört, sondern für sich und ihren Partner entschieden, dass sie allein feiern und das Geld in diese Reise investieren möchte.

Herzlichen Glückwunsch, Sigi! Ich habe sie umarmt. Ich habe ihr gesagt, dass das eine der besten Entscheidung ihres Lebens sei. Ich ziehe meinen Hut und finde es einfach nur großartig. Und weißt du, was der Clou an der ganzen Geschichte war? Es hat sich eigentlich niemand darüber aufgeregt und niemand hat gesagt, dass es schlecht sei und sie es so oder so haben wollten.

Trau dich! Du musst einfach nur Nein sagen, weil …

Nen Scheiß musst du!

So ist das im Leben. Und genauso machen wir es auch! Wie du weißt, feierten Jürgen und ich 2019 unsere Silberhochzeit. Früher hat man Silberhochzeit auch im Kreise der Familie gefeiert. Stell dir mal vor: Früher wurde eine Riesensache daraus gemacht, es wurden die ganze Familie, die ganze Verwandtschaft, alle eingeladen und Freunde dazu und dann hat man die Silberhochzeit im Kreise seiner »Lieben« gefeiert!

Nen Scheiß muss ich!

Ich sag dir jetzt mal was: Ich habe die Silberhochzeit allein mit Jürgen gefeiert, denn wir haben es uns verdient. Es ging nur uns was an. Was haben denn die anderen dazu beigetragen? Wir beide haben sehr viel in unserem Leben ertragen. Geliebt und gelitten! Und wir beide wollen es für uns besiegeln und wir wollen es auch für uns erleben, genießen und feiern. Deshalb fuhren wir wieder, wie wir das alle fünf Jahre machen, nach Venedig in unser geliebtes Cipriani Hotel. In der romantischsten Lagune der ganzen Welt.

Aber nicht nur die Familie, auch viele Freunde setzen Erwartungen in einen, die man ab und zu mal kritisch hinterfragen darf. Wir waren zum Beispiel mal mit einer anderen Familie sehr eng befreundet. Nach unserer ersten Krise, nachdem Jürgen wieder aus dem Gefängnis zurückkam, unternahmen wir viel gemeinsam. Anfangs war es ganz schön und wir hatten wirklich viel Spaß miteinander, aber dann wurde es immer mehr zu einem Zwang. Die Erwartungen von der anderen Seite waren zu groß! Diese erdrückten uns förmlich, und es kam zum Streit. Für die Männer war es immer noch etwas einfacher, weil sie sich über das Geschäft unterhalten konnten, aber ich hatte dann meine sogenannte Freundin am Hals mit ständigen Telefonaten. Also, das war eine Person, die mich sehr vereinnahmte. Die mir immer sagte: »Ach, wenn du bei mir wohnen würdest oder wir bei euch in der Nähe, das wäre so schön.« Und ganz ehrlich? Ich habe mir dann immer gedacht: »Um Himmels Willen, das wäre nicht zum Aushalten.«

Wir waren damals auch gemeinsam im Urlaub, mit Kind und Kegel. Es hat überhaupt nicht funktioniert. Jeder hatte andere Ansichten, jeder wollte dem anderen dann plötzlich sagen, was besser sei, was er zu tun habe. Meine Kinder waren nicht gut genug, die anderen waren dann besser, und schon gab es Streit. Eines Tages sagte ich zu Jürgen: »Ich möchte heute Abend mal nur mit dir allein essen gehen, nicht mit dem ganzen Pulk.« Unsere Kinder waren happy, sind im Zimmer geblieben und haben sich Burger und Fritten bestellt, ferngesehen und Playstation gespielt. Unsere Freunde dagegen waren beleidigt! Dabei war das keine Entscheidung gegen sie – ich wollte einfach mal Zweisamkeit mit Jürgen genießen.

Echte Freunde sind nicht beleidigt, echte Freunde lassen dir Freiraum, echte Freunde gestatten dir auch mal, Nein zu sagen, echte Freunde möchten, dass es dir gut geht – und echte Freunde nehmen sich auch mal zurück, wenn sie erkennen, dass es in der Situation vielleicht gebraucht wird. Also, bitte überdenke es mal für dich, was für dich echte Freunde sind. Hast du denn auch wirklich echte Freunde? Ich für meinen Teil habe ein paar wenige Freunde, die ich an einer Hand abzählen kann.

Allerdings habe ich schon seit unserer ersten Krise keine beste Freundin mehr gehabt. Ich habe bewusst die letzten Jahre darauf verzichtet! Das war natürlich nicht immer so, zuvor habe ich immer beste Freundinnen gehabt, mit allem, was dazugehört: Ich war immer für sie da, zu jeder Stunde, in jeder Lebenslage, ob positiv oder negativ. Wir haben gelacht, wir haben zusammen geweint. Und am Ende, als ich meine Freundinnen wirklich gebraucht hätte, waren sie nicht da! Denn kaum war ich in einer existentiellen Krise, verabschiedeten sie sich sang- und klanglos aus meinem Leben. Das war sehr tragisch und fast schon traumatisch für mich. Jetzt, wo ich darüber schreibe, bewegt es mich immer noch sehr.

Ich kann eigentlich bis heute nicht verstehen, warum sich meine zwei besten Freundinnen so verhalten haben. Auf der einen Seite bin ich froh, dass ich die Erfahrung gemacht habe, denn wenn du einmal erfährst, wie jemand wirklich über dich denkt und wie er zu dir steht, dann ist es vielleicht besser, dass alles vorbei ist. Aber gerade in dieser schweren Zeit, als ich mit meinen beiden kleinen Kindern komplett allein dastand, hätte ich durchaus eine Freundin gebrauchen können, die zu mir hält und für mich da ist. In dieser Zeit wurde ich von den unterschiedlichsten Leuten in bösartigster Weise angefeindet. Es klingelten wildfremde Menschen an der Tür und wollten mein Haus kaufen. Es war der Horror. Wenn ich meine Kinder in die Schule oder in den Kindergarten begleitete, kam immer ein dummer Spruch von Seiten der anderen Kinder und Eltern. Es war ein regelrechter Spießrutenlauf.

Und was taten meine sogenannten besten Freundinnen? Sie hatten nicht mal den Anstand, mich anzurufen und zu fragen, wie es mir überhaupt gehe. Oder ob sie irgendwas für mich tun könnten. Und ich sage dir, es hat niemand gemacht! Auch Verwandte haben nicht einmal angerufen! Die einzigen, auf die ich zählen konnte, waren mein Bruder Axel und seine Frau Gudrun, meine Mutter, ihr Lebensgefährte und meine Schwiegereltern! Niemand sonst hatte die Größe, einfach mal anzurufen oder zu klingeln und zu sagen: »Komm, ich habe eine Flasche Wein dabei, lass uns reden.«

Weißt du was? Diese Weiber können mich mal! Ich habe oft darüber nachgedacht, ob nicht vielleicht ich die Geisterfahrerin gewesen bin. Ob ich das Ganze nicht vielleicht wieder hätte ins Lot bringen können. Aber dann habe ich mir gedacht:

Nen Scheiß muss ich!

Ich kann auch mal was von den anderen erwarten, die jahrelang meinen Rat und meine Hilfe gebraucht haben!

Ich scheiß auf die beste Freundin!

Ich muss mir so einen Scheiß nicht mehr antun! Und ich sage dir jetzt noch eine ganz große Wahrheit: Ich habe in meinem Umfeld eine Menge Menschen kennengelernt und erlebt, und ich sehe immer das gleiche Muster. Die beste Freundin will nie, dass du eventuell genauso hübsch aussiehst oder vielleicht noch etwas attraktiver bist. Sehr attraktive, sehr hübsche, schlanke Frauen suchen sich häufig eine Freundin aus, die ein bisschen pummeliger, ein bisschen unattraktiver ist.

What the fuck?

Ganz ehrlich? Ich bin überglücklich, dass ich heute frei bin. Ich habe mich befreit von diesem Quatsch und diesem Getue. Ich möchte Menschen um mich herumhaben, an denen ich mich »reiben« und mich reflektieren kann. Ich bin eine Frau, die einer anderen hübschen Frau gerne ein ehrliches Kompliment macht! Deshalb ist es für mich so wichtig, dass mir jemand die Wahrheit sagt. So wie Ayse damals, und die kannte ich erst ganz kurz.

Ich kann dir nur empfehlen, auch mal innezuhalten und deine Freundschaften zu sondieren. Überleg mal, ob immer alles so passend ist. Ob alles so ehrlich ist.

Ich finde, man kann oft mit Menschen, die man nicht so gut kennt oder gerade erst kennengelernt hat, viel mehr Spaß haben und

Erlebnisse austauschen. Wenn du viel unterwegs bist und vielleicht auch Seminare besuchst oder wie wir oft privat verreist, dann triffst du auch immer wieder neue Menschen, die dich inspirieren. Du wirst einfach offener! Du bist unverkrampft, erweiterst deinen Horizont, kannst unerwartet viel Spaß erleben und später auf besondere Tage und Nächte zurückblicken. Wichtig ist natürlich, dass du Menschen triffst, die auch auf deiner Wellenlänge sind. Aber ich bin sicher: Dein Magnet im Bauch wird das schon regeln.

Zum Abschluss des Kapitels möchte ich dir aber noch von einer wunderbaren Geschichte erzählen, wo jemand ganz anders gehandelt hat als meine nicht vorhandenen Freundinnen. Jemand, der wirklich einfach zum Hörer gegriffen hat, um mir Mut zuzusprechen …

Damals, in meiner ersten Lebenskrise, saß ich im Büro und telefonierte jeden Tag mit alten Stammkunden. Plötzlich meldete sich am Telefon ein gewisser Udo Jürgens. Mir wurde heiß und kalt, mein Herz pochte heftig! Der Udo Jürgens, von dem wir das Lied sangen: *Never give up*.

Er hatte in einem Interview, welches die *Bunte* mit mir gemacht hatte, gelesen, dass ich ein großer Fan von ihm sei und unter anderem auch dieses Lied mit meinem Bruder singe. Er nahm sich die heftige Geschichte unserer Krise zu Herzen und rief mich an, um mir Trost zu schenken. Ein völlig wildfremder – und noch dazu prominenter – Mann hatte mich mit einem Anruf motiviert und mir wieder etwas Lebensfreude in die Seele gezaubert.

Er fragte mich auch, ob er mir irgendwie helfen könne. Damals war ich einfach zu bescheiden, um irgendeine kleine Bitte zu äußern. Aber ein unsichtbares Band wurde seitdem zwischen uns geknüpft – Jürgen und ich besuchten dann auch sein letztes Konzert, vier Wochen vor seinem Tod. Danke, lieber Udo, dass du an mich gedacht hast! Du bist für immer in meinem Herzen!

Jetzt bist du dran: Wer wirklich zu dir steht

Ich kann dir nur raten, diese kleine Liste zu führen, mal aufzuschreiben, wer dir in der Familie und in deinem Freundeskreis immer wieder in ein schlechtes Gefühl gibt, dich in ein schlechtes Gewissen zwingt und dir im Endeffekt deine Einstellung zu vielen Dingen einfach verschlechtert.

Gibt es in deiner Familie irgendwelche Personen, die dich nicht respektieren?

____

____

Gibt es in deinem Umfeld Menschen, die dich runterziehen und eine negative Schwingung haben?

____

Schreibe jetzt alle Personen auf, mit denen du nicht gerne zusammen bist.

____

____

Schreibe jetzt alle Personen auf, mit denen du gerne mehr Zeit verbringen möchtest.

____

____

Hast du eine beste Freundin?

☐ Ja ☐ Nein

Empfindest du den Austausch als wertvoll?

☐ Ja ☐ Nein

Haben deine Freunde und deine Familie Verständnis dafür, dass du manchmal lieber allein wärst?

☐ Ja ☐ Nein

Sind deine »Liebsten« manchmal beleidigt, wenn du dich längere Zeit nicht meldest?

☐ Ja ☐ Nein

Hast du in deinem Freundeskreis Menschen, die dir in größter Not auch finanziell zur Seite stehen?

☐ Ja ☐ Nein

Bist du gerne allein?

☐ Ja ☐ Nein

AUTOSUGGESTIONEN

- Ich lebe in Harmonie und Liebe mit meiner Familie und meinen besten Freundinnen.
- Ich erlaube mir, ab und zu auch mal Nein zu sagen!
- Meine Familie und Freunde haben für mich Verständnis.
- Ich liebe meine Familie und meine besten Freunde.
- Ich liebe mich und bin gerne bei mir selbst!
- Ich gehe respektvoll mit meinen Liebsten um.
- Was andere über mich denken, geht mich gar nichts an!
- Nen Scheiß muss ich!

- ____________________
- ____________________
- ____________________
- ____________________
- ____________________
- ____________________
- ____________________
- ____________________

KAPITEL 15

KARRIERE UND FAMILIE – GEHT DAS ÜBERHAUPT?

»Kerstin, du musst dich entscheiden. Karriere und Familie, das wird zu viel.«

Nen Scheiß muss ich.

Als ich ein kleines Mädchen war, kannte ich meine Mutter als wunderbare Hausfrau und Mama. Sie war meistens zu Hause, kümmerte sich um ihre fünf Kinder und abends um ihren Mann. Das war damals, in den 60er- und 70er-Jahren, ganz normal. Es war die klassische Rollenverteilung: Mein Papa machte Karriere und brachte das Geld (sehr gutes!) nach Hause. Und meine Mutter kümmerte sich um alles andere. So wie damals fast alle Frauen.

Wer damals als Frau berufstätig war, wurde schief angesehen. Entweder war die Frau berufstätig und hatte ein oder mehrere Kinder, dann war man der Meinung, diese Berufstätigkeit ginge auf Kosten der Kinder. Oder die Frau war berufstätig und hatte keine Kinder, dann galt sie als egoistisch, und man ging davon aus, sie würde das im Alter bereuen, weil sie dann ohne Kinder ja allein sein würde.

Und nun machen wir einen Sprung in das Heute: Heute hat sich das Ganze komplett gedreht. Wenn eine Frau sich heutzutage bewusst entscheidet, Hausfrau und Mutter zu sein, dann wird sie von so mancher Klugscheißer-Frau schief angesehen. Schief angesehen, wie man so eine altmodische Einstellung haben kann. Wie man auf Job und Karriere verzichten kann. Dass man ja als Hausfrau und Mutter eine Egoistin ist, weil man dieses überholte Rollenbild seinen Kindern vorlebt und nichts Produktives für die Gesellschaft beiträgt. Und außerdem verzichtet eine solche Frau ja auch auf ihre Selbstverwirklichung. Sie geht nicht dem nach, was sie eigentlich gern möchte. Es wird also vorausgesetzt, dass Hausfrau- und Muttersein primitiv, nicht erfüllend, langweilig, unsexy ist.

Ich persönlich habe mich ganz bewusst entschieden, meine Selbstständigkeit Mitte der 90er-Jahre aufzugeben, als Jürgen und ich heirateten und eine Familie gründeten. Ich wollte ganz einfach für die Kinder da sein. Es war mir ein Bedürfnis. Und ich hatte nicht das Gefühl, beruflich etwas zu verpassen.

Will ich damit jetzt das alte Klischee Mann = Ernährer und Frau = Hausfrau/Mutter bedienen? Ganz und gar nicht! Es geht mir in diesem Buch überhaupt nicht darum, dass du irgendwie zu sein hast, dich so und so verhalten sollst, so und so handeln oder nicht handeln solltest. Es geht mir darum, dass du das tust, was du willst!

Im Dezember 2021 wurde bekannt, dass der Mann von Außenministerin Annalena Baerbock, Daniel Holefleisch, seinen Top-Job im Juli 2021 aufgab zugunsten der Karriere seiner Frau. Er verzichtete ganz bewusst und hörte auf, für die Deutsche Post DHL Group aktiv zu sein. Und dies, obwohl er durchaus weiter seine Karriere hätte vorantreiben und noch viel mehr Geld verdienen können. Aber er entschied sich für eine neue Rollenverteilung: Frau = Ernährerin und Mann = Hausmann/Vater.

Bravo! Genau darum geht es mir in diesem Buch!

Jeder soll sich so verwirklichen, wie er möchte. Wenn er sich um die Familie kümmern möchte, bitte schön! Und wenn er Job und Karriere machen möchte, dann auch bitte schön!

Bleibt aber natürlich noch eine dritte Möglichkeit: Beide arbeiten und beide kümmern sich dann um die Familie und den Hausstand. Und natürlich gibt es mittlerweile Paare, in denen beide gleichberechtigt beides machen. Beide sind beansprucht und beide bringen sich 50:50 ein. Aber jetzt mal ganz ehrlich: In den meisten Familien, auch in denen, wo beide berufstätig sind, gilt doch vielfach immer noch das alte Recht, dass der Mann heimkommt und die Füße hochlegt. Einfach, weil er häufig doch mehr arbeitet und mehr Geld verdient, während sie einen Teilzeitjob hat. Und die Frau kümmert sich eben zusätzlich zu ihrer Beanspruchung im Beruf noch stärker um den Haushalt und die Kinder.

Was auf den ersten Blick ideal erscheint, ist meiner Meinung nach oft für viele Familien vollkommen unpraktikabel. Man ist, mit An- und Abfahrtswegen, Pausen, vielleicht mit der einen oder anderen Überstunde, zehn bis elf Stunden im Beruf unterwegs. Man kommt abends abgehetzt nach Hause, und jetzt soll man sich noch groß um die Kinder kümmern? Um die Kinder, die oft schon im Alter von wenigen Monaten in die Kita kommen, später dann den ganzen Tag im Kindergarten und in der Schule sind. Kinder, die abends gerne die Eltern hätten. Doch diese sind selbst müde, ausgelaugt.

Denn neben dem Beruf, dem Haushalt und den Kindern muss man sich ja mittlerweile auch noch persönlich weiterbilden, seinen Körper fit und attraktiv halten und so weiter.

Wann soll das alles möglich sein? Geht ja gar nicht. Und deshalb bleibt dann oftmals irgendein Teil auf der Strecke. Bitte nicht falsch verstehen: Mir ist bewusst, dass ganz viele Frauen (und auch Männer) gar keine Wahl haben, denn sie brauchen zwei Gehälter, um ihre Familie zu ernähren. Da war und bin ich sehr privilegiert. Aber bei denen, wo es möglich ist, rate ich, ganz tief in sich hineinzuhören und das zu tun – im Rahmen des Möglichen –, was man tun will. Und dann kein schlechtes Gewissen zu haben, wenn die Kinder mal eine halbe Stunde länger vor dem Fernseher sitzen. Oder wenn die

Schmutzwäsche einen Tag länger herumliegt. Oder wenn man dem Chef zuliebe nicht noch schnell ein paar Mails beantwortet.

Nen Scheiß musst du!

Und noch etwas finde ich ganz wichtig: Wahlfreiheit sollte für alle da sein! Das heißt, man sollte als Frau nicht schief angeschaut werden, wenn man ganz bewusst die Entscheidung trifft, für Partner und Familie da sein zu wollen und die Verwirklichung im Job erst mal zurückzustellen.

Ich bin ganz und gar für Selbstverwirklichung, das ist ein ziemlich wichtiges Thema für mich. Aber dann soll man auch wirklich selbst entscheiden können, in welchem Bereich man sich selbst verwirklicht und es nicht von anderen madig gemacht bekommen.

Das habe ich immer von meinen Eltern vermittelt bekommen, und sie haben mich auch in allem früh unterstützt: Schon früh tanzte ich, lief im Verein Schlittschuh und Rollschuh und nähte bereits im Kindesalter meine ersten selbst entworfenen Kleidungsstücke.

Als ich erwachsen war, entdeckte ich mein Gesangstalent. Ohne jemals Gesang gelernt zu haben, fing ich an zu singen. Selbstbewusst, wie ich immer war, stellte ich mich in Schweinfurt bei einer Veranstaltung auf die Bühne und sang Jazz- und Swing-Titel in einer Band. Das Publikum war begeistert und applaudierte – doch am nächsten Tag las ich die Überschrift der Kritik im Schweinfurter Tagblatt: »Kerstin Höller – Die singende Säge!«

Ich kannte den Redakteur, der die Rezension verfasst hatte und wusste, dass er weder mich noch Jürgen leiden konnte. Er machte uns immer das Leben schwer. Dennoch tat es unglaublich weh, zu wissen, dass nun Zehntausende von Menschen in meinem Heimatgebiet lasen, ich sei eine »singende Säge«.

Aber weißt du was? Arsch lecken! What the fuck!

Ich ließ das Ganze an mir abprallen und sang einfach weiter. Und so wurde ich weit über die Grenzen Schweinfurts hinaus bekannt, zusätzlich zum Aufbau meiner Modelinie.

Den Höhepunkt meiner Gesangskarriere erlebte ich als fast Vierzigjährige, als ich in der Dortmunder Westfalenhalle vor 14.000 Menschen auftrat und Standing Ovations erhielt. Bis heute singe ich regelmäßig bei Jürgens Seminaren und begeistere die Teilnehmer mit meiner Musik. Ich habe sogar mit 55 Jahren meine erste eigene CD auf den Markt gebracht. Übrigens möchte ich dir diese gerne schenken. Scanne einfach folgenden QR-Code und hole dir kostenfrei und unverbindlich meine komplette CD und erfreue dich an den positiven Melodien und Texten.

Warum erzähle ich dir das? Aus zwei Gründen:

Erster Grund: Tue das, was du wirklich willst! Mache das, was dich glücklich macht. Heutzutage ist doch alles möglich. Das Leben bietet irrsinnig viele Facetten. Und deshalb solltest du rausgehen. Wenn du wirklich willst und Bock hast, dann such dir eine Aufgabe, die dir richtig Freude macht.

Und wenn dir etwas total Spaß macht und du etwas megageil findest, dann kann sich aus allem etwas ganz Großes entwickeln. Gerade heute, als ich dieses Kapitel schreibe, hat die Vize-Weltmeisterin in der Ski-Abfahrt 2021, Kira Weidle, in einem Interview Folgendes erzählt: Als sie mit acht Jahren in der Schule sagen sollte, was sie mal werden wolle, habe sie geantwortet: »Skifahrerin«. Die Lehrerin antwortete daraufhin, dass dies aber kein Beruf sei. Daraufhin konterte Kira Weidle den Einwand ihrer Lehrerin ganz lapidar: »Wenn man schnell genug fährt, dann schon!« Herrlich!

Wenn du das tust, was du wirklich in deinem Inneren fühlst und was dich befriedigt, dann wirst du darin auch erfolgreich sein können!

Aber dann geht es doch schon wieder los: Man redet uns Frauen von klein auf ein, was die richtigen Berufe sind. Frauenberufe halt. Genauso wie es Männerberufe gibt.

What the fuck.

Und so komme ich zum zweiten Grund: Lass dir von niemandem einreden, du könntest etwas nicht. Wir Frauen sollten uns das Recht herausnehmen, alles zu tun, weil wir alles dürfen. Wir lassen uns nicht mehr degradieren, um irgendwelche angeblich typischen Berufe für Frauen auszuüben. Aus diesem Zeitalter sind wir eigentlich schon lange raus.

Frauen sitzen in Vorstandsebenen, Frauen sind Parteivorsitzende, Außenministerin, Kanzlerin, Frauen sind Maurer, sind Klempner, sind Automechaniker. Frauen können alles machen, was auch Männer machen. Leider werden Frauen trotzdem immer noch anders behandelt als Männer und werden sogar noch schlechter bezahlt! Aber das ist jetzt nicht unser Thema…

Manchmal wird man auch ins kalte Wasser geworfen und merkt dann erst, was in einem steckt. So ging es mir, als Jürgens Firma damals pleiteging, während er im Gefängnis saß. Ich gründete einfach selbst ein neues Unternehmen, die Life Learning. Zusammen mit meinem wunderbaren Bruder Axel »Onkel Agi« Weinberger saß ich in einem Kellerloch-Büro von wenigen Quadratmetern, kaufte von unserem letzten Geld für 250 Euro gebrauchte Büromöbel und für 350 Euro gebrauchte Computer und einen Drucker. Tagtäglich arbeitete ich zehn Stunden und baute mit Axel die Firma auf. Ich wollte eine Grundlage für die Zeit schaffen, wenn Jürgen wieder da wäre.

Schon ziemlich bald während der Haftzeit hatte er mir gesagt, dass er später wieder auf die Bühne wolle. Entgegen allen Ratschlägen von wohlmeinenden Menschen, die uns sagten, das sei einfach unmöglich, doch wir beide glaubten an uns. Und so engagierte ich während seiner Abwesenheit andere Referenten, rief Interessenten an und führte wieder Seminare durch. Und als Jürgen dann wieder da war und uns mit seiner Kraft unterstützte, ging es sehr schnell weiter aufwärts. Nur dreieinhalb Jahre nach dem Gefängnis waren die 6,6 Millionen Euro Schulden weg und wir wieder schuldenfrei.

Absurd. Ich erzähle das, weil dir immer wieder gesagt werden wird, dass du etwas nicht können würdest. Dass du nicht dafür geschaffen seist. Ich hatte auch immer geglaubt, ich sei nicht dafür geschaffen, Unternehmerin zu sein. Doch aus der Not heraus musste ich es. Und weißt du was? Ich konnte es!

Weil wir Frauen viel mehr können als man uns einredet – und als wir uns selbst einreden!

Dazu fällt mir noch eine Geschichte ein, von einer Kundin, die in ihrem Beruf, den sie bereits jahrzehntelang ausübte, einfach keine Freude hatte. Sie war dort hineingeraten als junge Frau. Und dabeigeblieben. Doch jetzt orientierte sie sich um. Und niemand traute es ihr zu, dass sie noch einmal etwas Neues starten könnte. Aber sie machte sich selbstständig in einer neuen Schiene, einem Multi-Level-Marketing-Unternehmen für Ernährung, Schönheit, Beauty, Wohlbefinden, Körper und Gesundheit. Und sie startete nicht nur – sie ging ab wie eine Rakete!

Wir Frauen dürfen uns nichts einreden lassen, nach dem Motto: Schuster, bleib bei deinen Leisten.

What the fuck?
Nen Scheiß muss ich!

Wenn du Zahnarzthelferin gelernt hast und es gerne machst, dann bitte schön. Und wenn du Friseurin gelernt hast und machst es gerne, dann bleib Friseurin. Aber wenn du Friseurin gelernt hast und gerne beim

Zahnarzt arbeiten würdest, dann mach es doch! Natürlich wird man dir ab einem gewissen Alter erzählen, dafür sei es jetzt aber zu spät. Du seiest doch jetzt schon zu alt dafür!

What the fuck.

Du bist niemals zu alt! Ich bin jetzt schon sechzig Jahre alt, als ich dieses Buch zu Ende schreibe. Ich bin keine gelernte Autorin und mache das zum ersten Mal! Deutsch war beileibe nicht mein Lieblingsfach! Ich pendelte in der Schule zwischen drei und vier. Als ich bekanntgab, ein Buch zu schreiben, spürte ich das Belächeln, spürte ich die Ablehnung, spürte ich dieses Mir-nicht-zutrauen-können.

Aber weißt du was? Ist mir scheißegal! Jetzt ist meine Zeit und jetzt starte ich mit meinem Buch. Einfach, weil ich es jetzt will! Ich war mehrmals in Orlando in den USA. Wir gingen dort als Familie immer gerne in die Freizeitparks. Irgendwann fiel mir auf, dass dort in den Verkaufsständen und in den Restaurants viele alte Menschen arbeiteten. Weit über sechzig, oftmals weit über siebzig. Da ich keine Berührungsängste habe, fragte ich sie geradeheraus, wie alt sie seien und warum sie arbeiten. Und viele antworteten, dass sie arbeiten müssten! Ihre Rente reiche einfach nicht aus, um ein menschenwürdiges Leben führen zu können. Das bestürzte mich. Und ich sagte ihnen, dass es mir leidtue.

Aber weißt du was: Von einigen Ausnahmen abgesehen, lächelten mich viele an und erklärten mir, dass ich kein Mitleid mit ihnen haben müsse. Denn die Arbeit mache ihnen Spaß. Sie arbeiteten ja nur einige Stunden pro Woche, um ihre Rente aufzubessern. Und sie seien froh, einmal aus der eintönigen, immer gleichen Rentner-Langeweile herauszukommen. Unter Menschen zu sein. Noch eine Aufgabe zu haben, gebraucht zu werden.

Schon interessant, nicht wahr? Da verurteilen wir aus unserer deutschen Sicht heraus solche Art von »Altersarbeit« und bedauern die armen, alten Menschen. Doch diese sind, im Gegenteil, froh, noch etwas tun zu können.

Und deshalb: Finde heraus, wer du bist. Finde heraus, warum du hier bist. Finde heraus, was dir Spaß macht! Und dann mach es mit aller Kraft und allem positiven Glauben! Ich wünsche dir das Allerbeste dafür!

DANK

Mein größter Dank geht an meinen lieben Mann Jürgen! Er hatte mich vor einigen Jahren ermutigt, dass ich unbedingt dieses Buch mit meinen persönlichen Lebenserfahrungen schreiben muss! Ohne seine Unterstützung, seine Liebe zu mir und den unbändigen Glauben an mich würde es dieses Buch nicht geben.

Danke an meine beiden Söhne, Alexander und Maximilian. Ihr habt mich als Mutter oft aus meiner Komfortzone gelockt und mir trotz allem erlaubt, ICH selbst zu sein.

Danke an Svenja und Maja, die Partnerinnen meiner Söhne! Ihr beide gebt mir immer das beste Gefühl, gut gestylt und ewig jung zu sein.

Nicht zu vergessen, meine Jugendfreundin Andrea Giese, die mir gerade in den Anfängen mit Rat und Tat zur Seite stand.

Danke an meine Lektorin Iris Rinser, die mich immer wieder gefordert hat, um das Beste aus mir herauszukitzeln.

Natürlich auch ein großes Dankeschön an Christian Jund, den Verlagschef von Next Level und an Bettina Birk, die sich um die gesamte Fertigstellung des Buches gekümmert hat.

Danke an meine Mitarbeiter der Jürgen Höller Academy, die mich immer hilfsbereit unterstützt haben.

Und danke an alle meine Follower in den sozialen Netzwerken, die geduldig auf mein Buch gewartet haben.

Fühlt euch umarmt!